Tópicos em epistemologia

O selo DIALÓGICA da Editora InterSaberes faz referência às publicações que privilegiam uma linguagem na qual o autor dialoga com o leitor por meio de recursos textuais e visuais, o que torna o conteúdo muito mais dinâmico. São livros que criam um ambiente de interação com o leitor – seu universo cultural, social e de elaboração de conhecimentos –, possibilitando um real processo de interlocução para que a comunicação se efetive.

Tópicos em epistemologia

João Carlos Lourenço Caputo

Rua Clara Vendramin, 58 . Mossunguê
CEP 81200-170 . Curitiba . PR . Brasil
Fone: (41) 2106-4170
www.intersaberes.com
editora@editoraintersaberes.com.br

Conselho editorial
Dr. Ivo José Both (presidente)
Drª Elena Godoy
Dr. Neri dos Santos
Dr. Ulf Gregor Baranow

Editora-chefe
Lindsay Azambuja

Supervisora editorial
Ariadne Nunes Wenger

Analista editorial
Ariel Martins

Preparação de originais
Lumos Soluções Editoriais

Edição de texto
Fábia Mariela De Biasi
Osny Tavares

Capa
Iná Trigo

Projeto gráfico
Bruno Palma e Silva (*design*)
Sílvio Gabriel Spannenberg (adaptação do projeto)
Artlusy/shutterstock (imagem)

Diagramação
Kátia P. Irokawa Muckenberger

Equipe de design
Luana Machado Amaro
Mayra Yoshizawa

Iconografia
Celia Kikue Suzuki
Regina Claudia Cruz Prestes

Dados Internacionais de Catalogação na Publicação (CIP)
(Câmara Brasileira do Livro, SP, Brasil)

Caputo, João Carlos Lourenço
  Tópicos em epistemologia/João Carlos Lourenço Caputo.
Curitiba: InterSaberes, 2019. (Série Estudos de Filosofia)

  Bibliografia.
  ISBN 978-85-227-0092-9

  1. Ciência 2. Epistemologia 3. Metafísica 4. Teoria do conhecimento I. Título. II. Série.

19-27668   CDD-121

Índices para catálogo sistemático:
1. Epistemologia: Filosofia 121
    Cibele Maria Dias – Bibliotecária – CRB-8/9427

1ª edição, 2019.

Foi feito o depósito legal.

Informamos que é de inteira responsabilidade do autor a emissão de conceitos.

Nenhuma parte desta publicação poderá ser reproduzida por qualquer meio ou forma sem a prévia autorização da Editora InterSaberes.

A violação dos direitos autorais é crime estabelecido na Lei n. 9.610/1998 e punido pelo art. 184 do Código Penal.

sumário

agradecimentos, 9
apresentação, 11
organização didático-pedagógica, 19

1 Descartes: o jogo da verdade, 24
1.1 Introdução à problemática, 26
1.2 Discurso do método: as regras do jogo, 28
1.3 Meditações metafísicas: o desenrolar do jogo, 31
1.4 O *cogito*: a verdade garantida, 35
1.5 Do "eu" para Deus: o mundo exterior garantido, 41

2 Malebranche: cartesianismo radical, 54

2.1 A radicalização do cartesianismo e seus problemas, 56
2.2 Ainda o mundo exterior: novas possibilidades de resolver a questão, 60
2.3 Visão em Deus: dos erros dos sentidos para uma epistemologia amparada na divindade, 67
2.4 Da metafísica à física: o ocasionalismo, 71

3 Berkeley e as ideias sensíveis, 82

3.1 Introdução à problemática de Berkeley, 84
3.2 Ideias sensíveis: empirismo e idealismo, 89
3.3 A matéria existe? Novas hipóteses sobre o mundo exterior e a formação das ideias, 94
3.4 Soluções para o problema: as conclusões de Berkeley, 99

4 Hume e a causalidade: a ciência em questão, 116

4.1 O que é conhecimento?, 118
4.2 A teoria de Hume: a formação das ideias e o mundo conhecido, 120
4.3 Causalidade: razão ou hábito?, 123
4.4 Probabilidades, 131

5 Kant: tempo, espaço e a coisa em si, 144

5.1 Introdução ao problema kantiano: a metafísica como ciência e a revolução copernicana, 146
5.2 Como e o que podemos conhecer?, 152
5.3 Análise do conhecimento: juízos sintéticos e juízos analíticos, 156
5.4 Sensibilidade, tempo-espaço e a "coisa em si", 160
5.5 Limites do conhecimento humano, 165

Tópicos contemporâneos: ciência e conhecimento em Thomas Kuhn, 176

6.1 A ciência como forma de acesso ao mundo exterior, 178
6.2 Kuhn e a crítica à história da ciência, 184
6.3 Kuhn e a noção de *paradigma*: a dinâmica do pensamento científico, 188
6.4 Contextualismo e ciência, 193
6.5 A relação entre saber, ciência e conhecimento, 196

considerações finais, 207
referências, 209
bibliografia comentada, 213
respostas, 215
sobre o autor, 223

agradecimentos

A Daniele Ayres Galvão, pelo constante apoio.
A meus pais e a minha irmã, sempre presentes em minha
vida. Ao professor Wilson Picler, pelo convite para a
produção deste livro.

apresentação

Você já se perguntou se o mundo realmente existe? Já pensou se as coisas que você percebe são efetivamente da forma como são percebidas? Ou, quem sabe, já cogitou a hipótese de que o verde que você vê talvez não seja o mesmo verde que as outras pessoas veem? Se já teve alguma dúvida como essas, você tem um espírito filosófico. No entanto, se você nunca pensou nisso ou acha esses questionamentos sem sentido, não se preocupe. Até mesmo grandes filósofos já duvidaram da validade ou da conveniência de questões como essas. Voltaire, um dos maiores pensadores do século XVIII, no *Tratado de metafísica*, afirma: "Não passaria por nossa cabeça tratar desta questão se os filósofos não tivessem procurado duvidar das coisas mais claras, como se vangloriam de conhecer as mais duvidosas" (Voltaire, 1973, p. 76).

Apesar da afirmação desdenhosa de Voltaire – que é, por outro lado, reflexo de uma posição teórica bem estabelecida sobre o assunto –, questões como as apresentadas não são irrelevantes, nem mesmo secundárias na história da filosofia. A teoria do conhecimento, uma das áreas mais profícuas da disciplina, dedica-se a esses e a outros tópicos semelhantes.

A epistemologia deve ser entendida no contexto da presente obra como a área da filosofia que estuda o conhecimento, suas possibilidades, limites e justificativas. Em outras palavras, trata-se do campo da filosofia que estuda *como* e *o que* podemos conhecer. Essa definição deve ser considerada de forma a evitar possíveis confusões com a filosofia da ciência. Uma vez que o termo *episteme* também pode ser entendido como conhecimento científico, a epistemologia poderia ser considerada, de forma limitada, como um estudo restrito a esse tipo de conhecimento, o que não é nosso caso.

Essas indagações, por sua vez, inserem-se em uma problemática maior, que a tradição chama de *problema do mundo exterior*. O objetivo principal destes *Tópicos em Epistemologia*, portanto, é investigar o que existe para além da consciência, um dos principais problemas da epistemologia na condição de estudo do conhecimento. A escolha desse tema não foi feita por acaso, mas porque compreende um grande número de relações e pontos paralelos de extrema relevância para essa área tão ampla da filosofia. Ao estudar a questão, vamos nos deparar com perguntas muito complexas: Como são formadas nossas ideias? Qual a relação delas com o mundo? O que posso conhecer? Qual o limite do meu conhecimento? Como ele se estabelece? Isso para citar apenas algumas das mais importantes.

Esse problema apresentou-se em diversas formas e abordagens ao longo da história. Os objetos de investigação também são muitos, variando de acordo com o pensamento e os objetivos de cada filósofo. Contudo, parece existir uma linha a delimitar e relacionar as correntes. Tal convergência pode ser formulada em três perguntas: O que existe fora de nós? Como conheço? O que conheço?

Com essas indagações em mente, vamos acompanhar como filósofos famosos, os quais você provavelmente já estudou ou ao menos ouviu falar, debruçaram-se sobre as mesmas questões. Além de debater o problema do mundo exterior, também propuseram teorias sobre a formação das ideias, a existência e os limites entre elas e os objetos ditos "de fora", e, de forma ampla, o que realmente existe fora de nós.

Esta obra é composta por seis capítulos, que, embora tenham certa relação entre si, não devem ser vistos como derivação uns dos outros. São, acima de tudo, novas abordagens sobre o mesmo assunto. Podemos dizer que, embora a leitura completa do livro seja essencial, cada divisão está estruturada de maneira a permitir uma apreciação sem prejuízo da compreensão.

A epistemologia é uma área que teve seu momento de maior desenvolvimento no período moderno. Por isso, ao longo de quase todo o livro, estaremos circunscritos entre os séculos XVII e XVIII. No último capítulo, porém, daremos um salto para a contemporaneidade, com vistas a apresentar uma discussão recente: a forma de entender a ciência e as justificativas para nossos conhecimentos do mundo.

Nesse percurso, iniciaremos, no Capítulo 1, com o estudo daquele que é considerado o fundador do pensamento ocidental moderno: o francês **René Descartes**. Com essa grande e merecida fama, não poderia de modo algum ficar ausente de nossa radiografia. Primeiro, apresentaremos os fundamentos da problemática. A seguir, partindo de uma proposta que compara a filosofia cartesiana a uma espécie de jogo, passaremos à explicação das regras.

Faremos um exame do *Discurso do método*, abordando o objetivo e as sugestões de Descartes "para bem conduzir a razão na busca pela verdade dentro da ciência". Tendo concluído essa tarefa, acompanharemos o desenrolar do jogo disputado nas *Meditações metafísicas*, assunto do capítulo subsequente. Descartes constrói o processo da "dúvida hiperbólica" até atingir sua primeira certeza: o *cogito*. Por fim, destacaremos os passos argumentativos que o levaram a provar a existência de Deus, garantindo as outras verdades e driblando o risco de um solipsismo.

Você perceberá que o pensamento do autor das *Meditações Metafísicas* apresenta-se como um jogo. E para que o jogo seja disputado da forma correta, será preciso estipular regras. Foi o que filósofo se propôs a fazer no *Discurso do método*. Com base nessas duas obras, você poderá entender o percurso do autor pelo problema do mundo exterior – o que talvez seja mais importante do que as respostas em si.

No Capítulo 2, analisaremos **Nicolas Malebranche**, um dos mais famosos e importantes "discípulos" de Descartes e, em certa medida, um radicalizador do cartesianismo. Em sua obra intitulada *A busca da verdade*, o sucessor caminhou rumo a conclusões que o "mestre" dificilmente aceitaria. Iniciaremos evidenciando justamente em que sentido podemos entender esse processo de radicalização, bem como em qual ponto da doutrina de Descartes ele se apoia. Tendo estabelecido o problema central de Malebranche, tentaremos manejar as possíveis soluções dadas pelo filósofo. Ao final do capítulo, vamos priorizar a única hipótese sobrevivente da crítica de Malebranche.

Após essa análise, ressaltaremos como esse pensador realiza a passagem da metafísica para a física, apontando como esses campos se relacionam. Para isso, abordaremos o conceito de ocasionalismo e sua relação com a teoria de Malebranche.

No Capítulo 3, examinaremos a obra *Tratado sobre os princípios do conhecimento humano*, de George Berkeley, filósofo, teólogo e bispo irlandês. O pensador apresenta uma teoria um tanto excêntrica – e que talvez incomodasse o espírito crítico de Voltaire –, mas muito bem fundamentada, que conduz a uma conclusão radical.

Apresentaremos a problemática indicando as convergências com nosso tema. Os pontos trabalhados pelo filósofo envolvem determinadas concepções de empirismo e idealismo, bem como a relação entre eles. Também demonstraremos o papel que a noção de *ideias sensíveis* desempenha na obra do pensador irlandês e em que medida elas atuam na tentativa de solucionar o problema proposto em *Tratado*. Na sequência, pesquisaremos o papel dos sentidos na concepção de conhecimento do autor, contrapondo-os à noção de ideias sensíveis. A exposição é fechada com uma discussão sobre a forma pela qual Berkeley entende a imaterialidade do mundo.

David Hume, personagem central do Capítulo 4, é outro filósofo obrigatório para a discussão sobre o mundo exterior, o entendimento humano e a formação das ideias. Iniciaremos trabalhando com a definição clássica de conhecimento e os problemas envolvidos nela. A teoria humeana, em certa medida, dialoga diretamente com essa definição, remetendo-se ao problema inerente a ela. Por isso, vamos investigar, em seguida, a hipótese de Hume para a formação e relação entre nossas ideias. Faremos uma leitura atenta da *Investigação sobre o entendimento humano*.

Nesse clássico da filosofia moderna, o pensador escocês discute a relação de causa e efeito – crucial para a construção do conhecimento físico e científico sobre o mundo. Esse caminho nos leva ao próximo passo da discussão: a análise do conceito de causalidade, derivado diretamente de uma das formas de relação entre nossas ideias. Estabelecidos esses pontos, analisaremos quais são as implicações do conceito de causalidade para o campo das ciências. Para encerrar, faremos um breve estudo da noção de probabilidade inserida no contexto da formação das ideias, causalidade e ciência.

Um resultado adicional da teoria de Hume foi ter despertado **Immanuel Kant** de seu "sono dogmático". A confissão é do próprio filosofo alemão, autor de *Crítica da razão pura*. A filosofia kantiana estabelece novos limites para o conhecimento humano do mundo e propõe mudanças nos conceitos de tempo e espaço, fazendo eclodir o que a tradição chama de *revolução copernicana na filosofia*.

No Capítulo 5, seguiremos os passos de Kant na tentativa de investigar o papel problemático da metafísica nos campos do saber humano. Essa questão leva o autor a pensar em uma análise e crítica de todos os processos de nosso conhecimento. Definiremos e comentaremos o que são os juízos sintéticos e analíticos, bem como sua relação com a teoria kantiana. Perceberemos, também, como as noções de tempo e espaço são apresentadas na *Crítica* e qual é a relação com o sujeito que conhece. Por fim, discutiremos como Kant apresenta e justifica os limites do conhecimento humano.

Para encerrar nossa jornada, daremos um salto temporal para discutir alguns tópicos contemporâneos. Você sabe, por exemplo, qual é a principal ferramenta para o conhecimento do mundo na atualidade? Sim, é a ciência! No Capítulo 6, detalharemos a teoria do filósofo da ciência Thomas Kuhn. Contudo, devemos entender *ciência* como uma forma adicional de acesso e compreensão do mundo exterior. Aqui, perceberemos o papel da ciência como forma de alcançar e perceber o domínio da matéria. Feito isso, abordaremos o contexto e os elementos centrais do problema proposto por Kuhn.

Almejamos que você, assim como o autor da *Estrutura das revoluções científicas*, analise a o fazer científico pelo decorrer da história, compreendendo sua dinâmica. Realizar essa tarefa demanda dominar alguns conceitos centrais da obra kuhniana, como paradigma, ciência normal, ciência extraordinária, anomalia, entre outros. Na sequência, encorparemos a defesa de Kuhn, frequentemente acusado de sustentar uma teoria relativista. Para isso, estabeleceremos um contraponto entre relativismo e contextualismo, explicando cada uma das posições dentro do quadro epistemológico em questão.

Essa breve enumeração de temas e autores reflete, cada qual com sua singularidade, as várias faces pelas quais o problema do mundo exterior pode se apresentar. Sem esgotar a totalidade de abordagens e autores, acreditamos que o percurso que se seguirá nas próximas páginas poderá, mesmo que de forma introdutória, iluminar o leitor com espírito filosófico ou, quem sabe, fazer nascer dúvidas naquele que ainda não tem tais inquietações.

Nosso percurso é interpretativo. A análise das teorias filosóficas sempre estará subordinada a alguma corrente exegética. No entanto, você não deve achar que nossa perspectiva é incontestável ou dogmática. Pelo contrário: um estudante com pensamento crítico deve ponderar sobre os posicionamentos constantes deste livro e dos cânones da filosofia aqui comentados. O objetivo, portanto, não é apresentar uma interpretação inconteste; apenas sugerir chaves de leitura para que os acadêmicos de filosofia ou interessados pela área possam, no futuro, entender melhor a escrita dos filósofos aqui discutidos. Por isso, apresentaremos citações das obras comentadas sempre que possível. São, em sua maioria, boas traduções para o português, capazes de guiar diligências futuras pela instigante teoria do conhecimento.

organização
didático-pedagógica

Esta seção tem a finalidade de apresentar os recursos de aprendizagem utilizados no decorrer da obra, de modo a evidenciar os aspectos didático-pedagógicos que nortearam o planejamento do material e como o aluno/leitor pode tirar o melhor proveito dos conteúdos para seu aprendizado.

Introdução do capítulo

Logo na abertura do capítulo, você é informado a respeito dos conteúdos que nele serão abordados, bem como dos objetivos que o autor pretende alcançar.

Pense a respeito

Aqui você encontra reflexões que fazem um convite à leitura, acompanhadas de uma análise sobre o assunto.

Síntese

Você conta, nesta seção, com um recurso que o instigará a fazer uma reflexão sobre os conteúdos estudados, de modo a contribuir para que as conclusões a que você chegou sejam reafirmadas ou redefinidas.

Indicações culturais

Nesta seção, o autor oferece algumas indicações de livros, filmes ou *sites* que podem ajudá-lo a refletir sobre os conteúdos estudados e permitir o aprofundamento em seu processo de aprendizagem.

Atividades de autoavaliação

Com estas questões objetivas, você tem a oportunidade de verificar o grau de assimilação dos conceitos examinados, motivando-se a progredir em seus estudos e a se preparar para outras atividades avaliativas.

Atividades de aprendizagem

Aqui você dispõe de questões cujo objetivo é levá-lo a analisar criticamente determinado assunto e aproximar conhecimentos teóricos e práticos.

Bibliografia comentada

Nesta seção, você encontra comentários acerca de algumas obras de referência para o estudo dos temas examinados.

Importante!

Algumas das informações mais importantes da obra aparecem nestes boxes. Aproveite para fazer sua própria reflexão sobre os conteúdos apresentados.

Preste atenção!

Nestes *boxes*, você confere informações complementares a respeito do assunto que está sendo tratado.

1

Descartes: o jogo da verdade

Neste capítulo, acompanharemos o desenvolvimento das teorias de Descartes desde os fundamentos do método cartesiano, apresentado em *Discurso do método*, passando pelas questões dispostas em *Meditações metafísicas* sobre a validade dos conhecimentos, até a busca por uma verdade indubitável. Também evidenciaremos como estipula as primeiras certezas de sua filosofia e como extrai as provas da existência de Deus, garantindo-as como conhecimentos seguros. Nesse movimento, vamos inferir como Descartes apresenta a natureza e a formação das ideias.

1.1
Introdução à problemática

René Descartes nasceu na França do final do século XVI, mais precisamente em 1596. Tendo vivido até 1650, passou a maior parte da vida no século XVII, época de ebulição de ideias e de uma nova ciência que conquistava cada vez mais lugar como campo autônomo do saber, desvinculando-se da filosofia. É importante lembrar que a física, a química e a biologia foram, durante muito tempo, chamadas de *filosofia natural*. Eram, portanto, um corpo de conhecimento indistinto da filosofia. Embora a autonomia completa das áreas científicas, tal como as concebemos hoje, tenha ocorrido apenas em meados do século XVIII, Descartes já percebia que a ciência merecia uma atenção especial e, também, que a filosofia não poderia ser descartada como meio de **estabelecimento dos saberes**; sobretudo, da formulação de um **método científico**.

Para que a ciência se desenvolva de forma adequada, é preciso que adote procedimentos apropriados. Buscando uma ciência correta, capaz de proporcionar saberes seguros, Descartes iniciou seu projeto filosófico. Você poderá se perguntar: O que a epistemologia e o problema do mundo exterior, que parecem tão abstratos, têm a ver com a ciência, campo objetivo e concreto? Ora, você se lembra das três perguntas principais derivadas do problema do mundo exterior, não? Vamos recordá-las: O que existe fora de nós? Como conheço? O que conheço?

Pois bem, agora, aplique essas três perguntas a um campo científico qualquer. Pense na física ou na química, por exemplo. Esses levantamentos, filosóficos por excelência, parecem fora de contexto ou inúteis quando aplicados às ciências? Para nós, não. As questões da epistemologia, quando respondidas, representam os limites da ciência, ou seja, podem muito bem servir de parâmetro para o conhecimento científico.

A grande diferença é que quem faz essas perguntas e tenta respondê-las são os filósofos, não os cientistas.

Você não deve, contudo, pensar que tais dúvidas e suas eventuais respostas não fazem parte do universo da ciência e das preocupações dos cientistas. Muito pelo contrário: elas estão presentes nas investigações científicas, sim, porém de forma velada – as respostas a esses problemas, para usarmos um termo mais filosófico, são *pressupostos* da ciência. Os cientistas, portanto, pressupõem que tais questões estão respondidas e desenvolvem suas teorias com base nesses resultados[1].

É aí que entra a importância da filosofia cartesiana para o estabelecimento dos saberes científicos. A grande preocupação de Descartes foi estipular uma verdade que fosse **absolutamente segura**, sem nem mesmo a menor possibilidade de dúvida. Essa verdade seria o ponto de partida para construir todo o conhecimento possível. Em *Meditações metafísicas*, Descartes apresenta uma tentativa de fundar um **saber seguro** e, por derivação, uma possibilidade de fundar a **ciência** como um todo. O grande edifício do saber, conforme arquitetado pelo autor, pode ser comparado a uma grande árvore. A raiz seria a metafísica, que representa a base do edifício. O tronco seria a física, fundamentada nas respostas às questões metafísicas e que, por sua vez, serve de sustentáculo às outras ciências particulares, representadas pelos galhos da árvore. Esse exemplo ilustra bem o papel que os problemas filosóficos têm no processo de estabelecimento das ciências. Como dissemos, Descartes tenta encontrar um fundamento absolutamente seguro e que não dê margem à dúvida.

---

1 As atuais preocupações da física estão, cada vez mais, tomando ares filosóficos. Veja, por exemplo, a física quântica. Os experimentos, os problemas e as soluções desse campo, ainda em desenvolvimento, da física chocam-se com problemas filosóficos, como os limites do conhecimento e da experiência.

Uma **verdade absoluta**? Seria esse o ousado objetivo de Descartes? Em certo sentido, podemos responder que sim. O ponto de partida seguro para as ciências não deve possibilitar a mínima dúvida.

Antes de verificar como isso é possível, destacamos um elemento importante da filosofia cartesiana, o qual você deve ter em mente durante este capítulo: Descartes **inverte a ordem de importância** dos fatores que possibilitam nosso conhecimento. Como assim? Ora, ao colocar o processo do conhecimento em questão, Descartes vê que nossos sentidos não são nossas fontes principais de conhecimento, nem as fontes primeiras a nos suprir com ideias. Tendo isso em mente, mas sem adiantar demais as coisas, vamos apresentar, agora, o **jogo cartesiano**.

1.2
Discurso do método: as regras do jogo

Agora que você está familiarizado com a intenção e os objetivos de Descartes, podemos seguir os passos de Descartes em direção ao princípio do conhecimento. Conforme já apresentamos, o jogo cartesiano é realizado em *Discurso do método* e em *Meditações metafísicas*. O primeiro texto apresenta as regras do jogo, por assim dizer, e no segundo este se desenrola propriamente. Portanto, os dois textos dialogam e se complementam. É nas *Meditações* que surge um processo conhecido como *dúvida metódica*, por meio do qual o filósofo chega ao estabelecimento de uma verdade segura. No entanto, como o próprio nome sugere, as *Meditações* pautam-se em um método, que apelidamos de *regras do jogo*.

E essas regras têm sua *raison d'être* – uma razão de ser. Qual seria? Deixemos o próprio Descartes (1983a, p. 29) nos dizer:

O bom senso é a coisa do mundo melhor partilhada, pois cada qual pensa estar tão bem provido dele que mesmo os que são difíceis de contentar em qualquer outra coisa não costumam desejar tê-lo mais do que o têm. E não é verossímil que todos se enganem a tal respeito; mas isso antes testemunha que o poder de bem julgar e distinguir o verdadeiro do falso, que é propriamente o que se denomina o bom senso ou a razão, é naturalmente igual em todos os homens [...]. Mas não é suficiente ter o espírito bom, o principal é aplicá-lo bem.

Podemos, portanto, justificar o uso do método a partir da existência do **erro**. Na passagem citada, Descartes afirma que a razão e o bom senso são naturais – todos os homens os apresentam. Mas isso não basta. O principal é **aplicar bem o espírito**. Apesar de todos os homens terem seu quinhão de razão, ainda assim existem o erro e as falhas. Ora, mas já que todos possuem razão, por que há o erro? A resposta nós já sabemos: o erro é fruto do **mau direcionamento do espírito racional**. A ambição do método é impedir esse erro.

As regras expostas em *Discurso do método* (Descartes, 1983a) pretendem, então, direcionar de forma adequada nosso espírito à busca da verdade. E quais são, afinal, essas regras? São quatro. A primeira diz: **jamais aceitar como verdade o que não se mostre a mim como evidente.** Só devemos tomar como verdadeiro o que for claro e distinto, sem a menor ocasião de dúvida. Perceba que, nessa primeira regra (a mais importante delas), mesmo a menor chance de dúvida fará com que a opinião seja encarada como completamente falsa. Descartes é categórico: se uma afirmação gera qualquer **possibilidade de dúvida**, ela deve ser completamente **rejeitada**. Observe que, nesse caso, a dúvida não precisa nem mesmo ser real ou existir de fato. Se a afirmação pode dar margem para o mínimo questionamento, ela deve ser prontamente descartada.

As outras regras são:
- dividir cada dificuldade em parcelas;
- conduzir o pensamento por ordem, sem saltos – o que podemos chamar de *espírito geométrico*, pois o desenvolvimento do jogo presente em *Meditações* apresenta-se de forma semelhante a um teorema geométrico;
- fazer constantes revisões e recapitulações dos conteúdos estabelecidos.

Agora, você já sabe quais são as quatro regras do jogo cartesiano e pode justificá-las, ou seja, apontar sua razão de ser. Isso já é um grande passo na direção de alcançar o objetivo de Descartes: a **verdade absolutamente segura**, que sirva de fundamento – a raiz da árvore – para as ciências. Ora, conhecer as regras sem aplicá-las não resolve o problema. É preciso, então, começar a aplicar as regras estabelecidas em *Discurso do método*. Se pensarmos em reformar todo o edifício da ciência estabelecida modificando cada elemento, parte por parte – ou seja, cada conhecimento em si –, essa tarefa parecerá extremamente árdua, ou mesmo impossível. Descartes tinha isso em mente quando propôs sua reformulação das ciências. Seu plano não é reconstruir cada elemento particular de nosso conhecimento, mas sim **reformular seu fundamento**, afirmação que começa a nos direcionar para o jogo cartesiano realizado em *Meditações*:

> Agora, pois, que meu espírito está livre do todos os cuidados e que consegui um repouso assegurado numa pacífica solidão, aplicar-me-ei seriamente e com liberdade em destruir em geral todas as minhas antigas opiniões. Ora, não será necessário, para alcançar esse desígnio, provar que todas elas são falsas, o que talvez nunca levasse a cabo [...], o menor motivo de dúvida que eu nelas encontrar bastará para me levar a rejeitar todas. E, para isso, não é necessário que examine cada uma em particular, o que seria um trabalho infinito; mas, visto que a

ruína dos alicerces carrega necessariamente consigo todo o resto do edifício, dedicar-me-ei inicialmente aos princípios sobre os quais todas as minhas antigas opiniões estavam apoiadas. (Descartes, 1983b, p. 85)

Nessa passagem, muito emblemática, você pode notar dois pontos importantes: o primeiro é a aplicação da primeira regra do método, rejeitando por completo uma opinião que apresente a menor possibilidade de dúvida. O segundo ponto é a afirmação de que não é necessário combater cada uma das opiniões que se pretende refutar ou reformar, mas apenas atingir o alicerce que as fundamenta. Desse modo, todo o edifício ruirá. Temos, aqui, a tática que Descartes vai adotar no jogo de *Meditações metafísicas*. É o que analisaremos a partir de agora.

1.3
Meditações metafísicas: o desenrolar do jogo

Antes de iniciarmos esta seção, é importante fazer uma breve retomada do assunto central deste livro: o problema do mundo exterior e sua relação com a epistemologia, relacionando-o com o conteúdo já abordado.

Descartes estipula um método embasado em quatro regras e cujo objetivo é direcionar da forma adequada o pensamento racional, que é natural a todo homem. Aplicando o método, o autor de *Meditações metafísicas* entende como completamente falso tudo o que for passível da menor possibilidade de dúvida. Pois bem, nessa empreitada, seria absurdo tentar reformular toda a ciência a partir de cada parte específica ou opinião individual. O que deve ser feito, portanto, é tentar demolir o alicerce no qual é fundado todo o pretenso edifício do conhecimento. Mas qual é esse alicerce?

Descartes (1983b, p. 85) elucida, na primeira meditação metafísica[2], que tudo o que havia estabelecido como conhecimento seguro fundamentava-se nos **sentidos**: "Tudo o que recebi, até presentemente, como mais verdadeiro e seguro, aprendi-o dos sentidos ou pelos sentidos [...]". Podemos afirmar, portanto, que as meditações tomam como ponto de partida a reflexão sobre a hipótese de conhecimento do mundo com base nos sentidos. O autor lembra, então, que, na verdade, muitas das opiniões que se mostravam anteriormente como certas se revelaram falsas, frutos de uma má aplicação do espírito. Ainda pior: serviam como falsos princípios para o conhecimento.

Será, portanto, que a hipótese citada por Descartes sobre a forma de conhecer o mundo é verdadeira? Será que os sentidos são realmente uma fonte certa e segura que nos supre de ideias e nos dá acesso ao mundo exterior? Ora, tendo em mente a primeira regra do método, só podemos aceitar essa hipótese se ela não der margem para a menor possibilidade de dúvida ou falha, não é mesmo? Mas parece que esse não é o caso dos sentidos.

Usando as regras estabelecidas em *Discurso*, Descartes demoliu o que restava desse pressuposto. Limpo o terreno, ele passa, então, a construir seu edifício. O jogo que se desenrola em *Meditações* é chamado de ***dúvida metódica*** (justamente por se utilizar das regras do método cartesiano), ou de ***dúvida hiperbólica***, pois, em seu desenvolvimento, a dúvida é elevada ao seu nível máximo. Esse processo pode ser dividido

---

2 *Meditações metafísicas* trata-se de um marco na história da filosofia por constituir-se em um dos principais textos sobre o problema do mundo exterior e da formação das ideias no pensamento moderno ocidental. A obra apresenta um sistema filosófico, ou seja, um processo intelectual, dedutivo e analítico que tem como objetivo atingir um ponto seguro a partir do qual poderão seguir-se os demais conhecimentos humanos.

em dois momentos: a **dúvida natural** – que, por sua vez, é dividida em argumento dos sentidos e argumento dos sonhos; e **dúvida metafísica**. Feitas essas ressalvas, vamos ao jogo!

O próprio Descartes (1983b, p. 86) disse: "Ora, experimentei algumas vezes que esses sentidos eram enganosos, e é de prudência nunca se fiar inteiramente em quem já nos enganou uma vez". Portanto, nossos sentidos falham. Você mesmo já deve ter se deparado com muitas falhas dos cincos sentidos – quando, por exemplo, vê ao longe uma pessoa que parece ser um conhecido e percebe, ao se aproximar, não ser quem você pensou que fosse. Ou, então, quando vê uma construção quadrada que, ao longe, parece redonda. Podemos citar vários casos em que somos enganados pelos cinco sentidos, não é mesmo? Agora, aplique o método cartesiano a essa afirmação: Os sentidos são fontes seguras de conhecimento do mundo. Qual seria o resultado? É evidente que, nesse caso, há várias possibilidades de falha. Aplicando o método, os sentidos deveriam ser completamente rejeitados como fontes seguras de conhecimento. Eis o primeiro movimento da dúvida natural em andamento no jogo cartesiano: o **argumento dos sentidos**.

Os sentidos, portanto, apresentam-se como enganadores. Por isso, não podem ser considerados o ponto seguro a partir do qual os conhecimentos devem partir. Entretanto, Descartes coloca uma ressalva nessa conclusão: parece conveniente aceitar que os sentidos nos enganem com relação às coisas distantes, mas será que é sensato afirmar que eles sejam também enganosos no que diz respeito ao que é próximo e imediato a nós? Em outras palavras, você deve concordar que é possível – e até mesmo comum – enganar-se quanto àquela pessoa que lhe parece alguém conhecido quando visto de longe, mas será que você também se engana com coisas mais próximas? Você poderia equivocar-se ao achar que está lendo estas palavras, neste exato momento, ou ao pensar que está no lugar em que acha estar agora?

Descartes pensou nisso ao estabelecer o argumento dos sentidos. Ele lembrou, em *Meditações metafísicas*, que, "ainda que os sentidos nos enganem às vezes no que se refere às coisas pouco sensíveis e muito distantes, encontramos talvez muitas outras, das quais não se pode razoavelmente duvidar, embora as conhecêssemos por intermédio deles [...]" (Descartes, 1983b, p. 86). Isso quer dizer que, nesse segundo momento da dúvida natural, Descartes lança a hipótese de que **pode haver um nível de conhecimento fornecido pelos sentidos que seja seguro**. Sensações próximas a você, como perceber que está em uma sala de aula, que está sentado, que tem um corpo, que segura o livro, e outras semelhantes, podem ser indubitáveis. Será que encontramos o ponto seguro que Descartes procura? Sinto desapontá-lo, mas ainda não.

Nesse momento do jogo cartesiano, entra em cena a segunda parte da dúvida natural, o **argumento do sonho**, e ele é bem simples. Todas as sensações próximas que listamos podem ser colocadas em xeque quando se considera o estado de sonho. Você já teve um sonho tão real que só percebeu que era sonho ao acordar? Ora, é justamente isso que Descartes apresenta como oposição à hipótese de que os sentidos próximos não poderiam ser enganosos. A falta de clareza para distinguir o sono da vigília faz com que o autor considere que mesmo os sentidos próximos a nós podem nos enganar. "Parece-me que não estou sonhando agora, tenho a sensação de estar acordado, mas, 'pensando cuidadosamente nisso, lembro-me de ter sido muitas vezes enganado quando dormia [...]'" (Descartes, 1983b, p. 86). Aplicando a primeira regra do método, **podemos rejeitar completamente, portanto, que os sentidos próximos sejam uma fonte segura de conhecimento**, pois eles já nos enganaram alguma vez, e isso basta para rejeitá-los completamente.

Importante!

> Podemos pedir um tempo no jogo cartesiano para salientar que se completa, aqui, o movimento inicial dele, a chamada *dúvida natural*. Seu primeiro passo foi rejeitar os sentidos de forma geral, pois eles, por vezes, nos enganam. Apesar desse logro, Descartes introduz uma ressalva que poderia parecer sensata, mas que é derrubada logo em seguida: os sentidos mais próximos parecem confiáveis, entretanto o argumento do sonho revela que não há um critério certo e seguro para diferenciar o sono da vigília. Isso significa que até esses sentidos imediatos podem eventualmente falhar. É interessante notar que o processo da dúvida metódica vai tornando-se cada vez mais abrangente, geral, hiperbólico.

O próximo passo do jogo, a dúvida metafísica, será responsável por elevar a dúvida ao seu grau máximo, aplicando-a a todo o pensamento.

1.4
O *cogito*: a verdade garantida

Até aqui, você conheceu as dúvidas de Descartes e pôde constatar que tanto os sentidos distantes quanto os mais próximos não podem ser fontes seguras para nosso conhecimento. Eles nos enganam algumas vezes. Pela primeira regra do método, devemos rejeitá-los por completo. Essa forma de acesso ao mundo exterior está bloqueada: já que os sentidos foram totalmente rejeitados, não podemos usar a *empiria* para acessar o que está fora de nós. Você poderia, então, perguntar-se: O que, então, conhecemos? Ou ainda: Será que o mundo exterior é da forma que eu o percebo? Afinal de contas, não o conheço da forma que pensava conhecer.

Nesse ponto do texto cartesiano, não temos ainda nada de seguro estabelecido – pelo contrário. O movimento foi exclusivamente negativo. Todo o esforço de Descartes foi de implosão dos alicerces do que se considerava seguro. No entanto, por mais que as coisas em si mesmas não se apresentem aos nossos sentidos de forma segura, as ideias dessas coisas parecem existir de fato, além de possuírem elementos básicos que parecem verdadeiros. Essa hipótese, derivada da dúvida natural, permite-nos pensar que, por mais que os compostos sejam falsos, ou seja, por mais que as coisas não sejam da forma que eu acho que são, seus componentes são verdadeiros. O que isso quer dizer? Quer dizer que, **por mais que os sentidos enganem quando vemos algo, ainda assim, os elementos que formam esse algo são reais**, como sua grandeza, sua quantidade, seu número, seu lugar e suas relações. Em outras palavras, a hipótese que abre o terceiro movimento da dúvida, a **dúvida metafísica**, afirma que ao menos as qualidades matemáticas, como essas já listadas, são reais.

Por mais que você esteja sonhando e se engane acreditando que está acordado, o número das coisas em seu sonho, sua forma, seu lugar devem ser reais, assim como suas relações matemáticas. Mesmo no sonho, 1 + 1 será igual a dois e um triângulo terá sempre três lados. Descartes (1983b, p. 87) afirma:

> Eis por que, talvez, daí nós não concluamos mal se dissermos que [...] a aritmética, a geometria e as outras ciências desta natureza, que não tratam senão de coisas muito simples e muito gerais, sem cuidarem muito em se elas existem ou não na natureza, contêm alguma coisa de certo e indubitável.

Portanto, nesse momento do texto, a hipótese lançada nos diz que as verdades da matemática e da geometria parecem ser certas sempre e em qualquer lugar, de onde parece se seguir que, mesmo sendo enganado pelos sentidos e pelo sonho, ao menos essas coisas devem ser verdadeiras e seguras.

Você acha que tal hipótese vai passar ilesa pela primeira regra do método? Lembre-se que a primeira regra diz que só podemos aceitar como certo aquilo que não permite nem mesmo a menor possibilidade de dúvida. Ainda que a dúvida não seja real, mas apenas hipotética, isso basta para que rejeitemos a afirmação e a consideremos totalmente falsa.

A dúvida metafísica, que representa o terceiro movimento do processo da dúvida metódica, lança mão justamente de um **artifício teórico** para questionar a noção de que ao menos as verdades matemáticas são sempre verdadeiras. O que queremos dizer com o termo *artifício teórico*? Na dúvida metafísica, Descartes utiliza-se de uma figura que ele denomina de *gênio maligno*. Vejamos o que essa criatura vai aprontar.

Considere que existe um gênio maligno ou um Deus extremamente poderoso e enganador que se dedica a enganar nossa mente com relação a tudo o que acreditamos ser correto. Seguindo essa suposição, sempre que pensamos que 1 + 1 é igual a 2 ou que um triângulo tem três lados, esse gênio age em nossa mente nos enganando, de forma que esses resultados são apenas ilusões.

Veja que, nesse caso, o gênio maligno não existe de fato – nem precisa existir. Ele é apenas um artifício teórico, uma hipótese usada para checar se as afirmações sobre as verdades da matemática são absolutamente seguras e isentas da menor possibilidade de dúvida, como exige a primeira regra do método. Ora, você pode notar que, por mais que seja apenas um artifício, existe a possibilidade de duvidar da afirmação. Portanto, ela deve ser completamente rejeitada. A dúvida hiperbólica eleva o questionamento ao seu grau máximo, colocando em xeque até as noções tidas como mais evidentes, como as da matemática.

A hipótese do gênio maligno é tão geral que nos permite estender a dúvida a tudo e qualquer afirmação, por isso é hiperbólica. O resultado ao fim do processo da dúvida é puramente negativo e encerra-se com uma **suspensão de juízo**. Isso quer dizer que temos, ao fim da primeira meditação, um **resultado cético**, pois, como o autor não tem elementos suficientes para julgar o que é certo e indubitável, ele suspende seu juízo temporariamente, ou seja, aceita-se como incapaz de afirmar ou negar qualquer coisa. Nesse sentido, podemos dizer que existe certo ceticismo, ao menos em um primeiro momento, no texto de Descartes.

Teria Descartes entrado em um beco sem saída? Seu ceticismo, amparado no caráter hiperbólico da dúvida, seria completo, impossibilitando o objetivo inicial de encontrar um ponto extremamente seguro e indubitável? Você pôde acompanhar, passo a passo, todo o processo da dúvida metódica presente na primeira meditação metafísica. Estamos, agora, no caminho para a abertura da segunda meditação, que mostrará o quanto a meditação anterior abalou o espírito do autor e como a suspensão de seu juízo parece, de fato, tê-lo levado a um impasse. Descartes (1983b, p. 91) nos diz:

> A meditação que fiz ontem encheu-me o espírito de tantas dúvidas que doravante não está mais em meu alcance esquecê-las. E, no entanto, não vejo de que maneira poderia resolvê-las; e, como se de súbito tivesse caído em águas profundas, estou de tal modo surpreso que não posso nem firmar meus pés no fundo, nem nadar para me manter à tona.

O trecho mostra, justamente, o tom cético com o qual se encerra a primeira meditação. Sem elementos para encontrar qualquer resposta positiva à questão, o autor encontra-se em estado de suspensão, como que "mergulhado em águas profundas", sem poder firmar-se no fundo nem tomar ar na superfície. Contudo, se Descartes tivesse se convencido de que o ceticismo seria a única saída possível, sua filosofia encerraria-se aqui, com a suspensão do juízo. Porém, ele permanece firme em sua busca, procurando em outra direção um ponto seguro para alicerçar toda a árvore do saber. Inspira-se no exemplo de Arquimedes, que, "para tirar o globo terrestre de seu lugar e transportá-lo para outra parte, não pedia nada mais exceto um ponto que fosse fixo e seguro" (Descartes, 1983b, p. 91).

Onde estaria, então, esse ponto? Se você relembrar nosso trajeto parcial, perceberá que o ponto que Descartes busca não tem como estar "fora" de nós, no mundo físico, pois nossos sentidos impossibilitam conhecê-lo com segurança. Também não é a matemática que permitirá acesso a uma verdade segura, visto que o argumento do gênio maligno gera uma possibilidade de dúvida sobre ela. No fim das contas, a primeira meditação fez com que **não restasse certeza alguma**.

Reflita sobre o que acabamos de dizer: falamos de um processo de dúvida, de dúvidas gerais, de ideias falsas etc. Agora emule Descartes e pergunte-se: A incerteza total e a dúvida implicam minha própria inexistência? Em outras palavras, por mais que eu duvide de absolutamente tudo, posso duvidar de que eu, que duvido, também exista? Descartes (1983b, p. 92). assim respondeu: "Certamente não, eu existia sem dúvida, se é que eu me persuadi ou pensei alguma coisa".

Por mais que rejeite tudo como completamente falso, por mais que minha dúvida seja ampla e geral, ainda assim **eu, que duvido, devo existir**. Note que, se você considerar os resultados da primeira meditação, você não poderá afirmar que sabe COMO você é. Portanto, você não poderá afirmar com certeza que tem o corpo que parece ter, nem que está em determinado lugar, visto que essas informações chegam a você pelos seus sentidos. Apesar disso, você sabe que pensa, que duvida, que sente. Sabe que se trata, ao menos, de pensamento. Essa verdade parece ser certa e segura a tal ponto que nem mesmo o gênio maligno poderia abalá-la. Por mais que ele me engane em tudo, eu, que sou enganado, devo existir ao menos como pensamento.

O sujeito pensante é **garantido pelo mero pensamento**. Minha existência é certa, ao menos enquanto penso e duvido e, portanto, SOU algo. Essa conclusão conduz a uma das passagens mais emblemáticas de toda a história da filosofia:

> E, notando que esta verdade: eu penso, logo existo, era tão firme e tão certa que todas as mais extravagantes suposições dos céticos não seriam capazes de a abalar, julguei que podia aceitá-la, sem escrúpulo, como o primeiro princípio da Filosofia que procurava. (Descartes, 1983a, p. 46)

Temos, então, garantida a **primeira e mais certa verdade**, aquele ponto seguro tão buscado. Expresso de forma mais simples na segunda meditação metafísica, Descartes (1983b, p. 92) diz apenas: "Eu sou, eu existo" – mas apenas enquanto penso e como pensamento, não tendo ainda meios de ir adiante. Essa primeira certeza inaugura uma cadeia de certezas derivadas dessa primeira, que, tradicionalmente, é conhecida como a *certeza do cogito*[3].

Você pode, a partir desse ponto de apoio, dar impulso para fora das águas escuras às quais as dúvidas cartesianas o levaram. Respire para que possamos seguir a partir dessa primeira certeza e ver como as outras são garantidas.

---

[3] A frase "penso, logo existo" em latim é escrita "*cogito ergo sum*", daí o uso do termo *cogito*, pela tradição, para referir-se à primeira certeza cartesiana.

1.5
Do "eu" para Deus: o mundo exterior garantido

O *cogito* cartesiano, o "eu", existe. A certeza desta existência parece ser certa e segura, afinal, por mais que nos enganemos sobre absolutamente tudo, ao menos quem é enganado deve existir. Mas, lembre-se: esse eu, essa existência, não pode ainda ser afirmada como uma existência material, como um corpo ou como possuidor de tais ou tais características. Não há nada na certeza do "eu" que nos leve a pensar nisso. Podemos apenas afirmar que o *cogito* existe como puro **pensamento**. O que garante tal verdade? Ora, é o próprio pensamento. É seguro afirmar que eu[4] existo, ao menos enquanto penso.

Estabelecida essa verdade, que inaugura a cadeia de verdades que se seguirão nas meditações, novas questões surgem. Talvez as mais urgentes sejam: **Como garantir tal verdade?** e **O que sou?** Em outras palavras: Qual a real natureza deste ente que sou, visto que não posso saber se sou corpo ou não? Nesse ponto da argumentação, Descartes já se encontra em posse de uma verdade segura. No entanto, como proceder para progredir na investigação? Se antes ele estava como que suspenso em águas escuras, sem poder tocar o chão, agora ele já conta com um ponto de apoio. Mas, para onde ir, já que tudo parece ser vazio?

Pense um pouco sobre as conclusões a que chegamos até aqui e tente descobrir qual a principal característica do *cogito*. Ele é corpo? Parece que não. É puro espaço? Também não sabemos. É pensamento? A resposta

---

4   Usar a primeira pessoa do singular ao falar desse tema não é apenas uma opção estilística. Ao ler *Meditações metafísicas*, você verá que Descartes também opta por usá-la em grande parte do livro. Isso porque, uma vez que não temos como afirmar as características do *cogito*, teríamos menos possibilidade ainda de falar sobre outras existências que não a nossa própria – afinal, sou eu que penso e é da percepção de meu próprio pensamento que surge a certeza do *cogito*, do "eu".

afirmativa a essa questão parece sensata. Lembremos que a garantia da certeza do *cogito* é justamente o pensamento. Dessa forma, podemos afirmar, sem medo de errar, que o **cogito é pensamento**. É exatamente o que permite afirmar que algo existe – portanto, eu penso de fato. Descartes, a partir dessa argumentação, define o *cogito* com o termo latino *res cogitans*, ou seja, **coisa que pensa**. Definição vaga, você poderia afirmar. Sim, convenhamos. "Coisa que pensa"... Que tipo de coisa? Mas sejamos condescendentes com o autor. Temos mais elementos para produzir uma definição mais ampla ou rebuscada? Parece-nos que não.

A "coisa que pensa" é entendida por Descartes como **um pensamento puro**. Ainda não sabemos nada sobre os eventuais elementos corpóreos desse "eu", e a dúvida hiperbólica sobre o mundo exterior continua em pé. Até aqui, o que temos é um solipsismo, ou seja, tenho apenas a certeza da minha própria existência, pois não é seguro vincular ao *cogito* atividades ou características espaciais ou materiais. Como somos pensamento, é possível vincular ao *cogito* características relacionadas ao pensar.

As características referentes ao pensamento podem, de fato, pertencer ao *cogito*?

> Mas por que não lhe pertenceriam? Não sou eu próprio esse mesmo que duvida de quase tudo, que, no entanto, entende e concebe certas coisas, que assegura e afirma que somente tais coisas são verdadeiras, que nega todas as demais, que quer e deseja conhecê-las mais, que não quer ser enganado [...]? (Descartes, 1983b, p. 95)

Sabendo agora algumas características do *cogito*, podemos entender melhor o que ele é: "Mas o que sou eu, portanto? Uma coisa que pensa. Que é uma coisa que pensa? É uma coisa que duvida, que concebe, que afirma, que nega, que quer, que não quer, que imagina também e que sente" (Descartes, 1983b, p. 95). Querer, sentir, duvidar, negar, afirmar, imaginar são os modos do pensamento, e é a partir deles que Descartes define, então, o *cogito* como "coisa que pensa", *res cogitans*.

O *cogito* pode ser conhecido, portanto, de forma segura **pelo pensamento** e tendo como principal característica **o próprio pensamento e seus modos**. Essa é a primeira verdade da cadeia de verdades e representa, como dissemos, o ponto seguro e indubitável tão almejado pelo autor. Ora, a certeza do *cogito*, que não depende dos sentidos para ser estabelecido, sendo apenas uma verdade espiritual, leva Descartes a refletir que, na verdade, **o espírito é mais fácil de se conhecer do que as coisas materiais**. Se você lembrar que, até este ponto do texto, os sentidos ainda são tomados como falsos e inseguros, essa última conclusão do autor pode parecer certa. No entanto, ele ainda lança mão de um experimento mental para reforçar essa afirmação. É o famoso **exemplo da cera**.

Pense em um naco de cera de abelha. Quais elementos você pode considerar para afirmar que é, de fato, cera de abelha? Se você optar por ir pelo caminho mais comum e afirmar que são seus sentidos que confirmam isso, você dirá que tem certo cheiro, uma textura característica, determinado sabor, uma aparência específica, que emite certo som quando você bate nele e, portanto, os elementos sensoriais dizem que se trata um pedaço de cera de abelha.

Descartes sugere o seguinte: aproxime a cera do fogo. O que você pode observar? O fogo derrete a cera e altera todas essas cinco características. Mudam o cheiro, a textura, o sabor, a aparência e os sons emitidos. Entretanto, você ainda é capaz de reconhecê-la como cera de abelha. Como isso é possível? Perceba que os sentidos lhe deram, anteriormente, as características que o levaram a afirmar que se trata de um naco de cera. Por outro lado, os sentidos lhe fornecem, depois de derreter a cera, características completamente diferentes das anteriores. Ainda assim você permanece com essa convicção. Estranho, não?

Ora, a conclusão para Descartes parece clara: o que me permite conhecer as coisas não são os sentidos, mas "uma inspeção do espírito" (Descartes, 1983b, p. 97). Perceba, então, que podemos elaborar três afirmações até aqui:

1. eu existo enquanto pensamento;
2. o que conheço depende do espírito, e não dos sentidos;
3. o espírito é mais fácil de se conhecer do que a matéria.

Essa última conclusão deriva do fato de que o conhecimento do *cogito*, do "eu", que é essencialmente espírito – entendido aqui como pensamento –, é mais claro e simples do que o conhecimento das coisas materiais.

Note que o *cogito*, mesmo sendo certo e me garantindo uma verdade, ainda não pode me garantir a existência de nada além de mim mesmo. Será que chegamos a outro beco sem saída? Será esse o limite do conhecimento para Descartes, o que tornará o mundo exterior para sempre vedado a nós? Você deve lembrar que, no processo da dúvida metódica, entrou em cena a ideia de um Deus enganador, de um gênio maligno que, naquele momento, era apenas um artifício teórico, uma mera hipótese. Daí, pergunta-se Descartes: Existiria em mim mesmo – afinal o "eu" é a única certeza até agora – algum elemento que me garanta a existência de um Deus real? Poderia sair do solipsismo?

O autor de *Meditações metafísicas* encontra no próprio "eu" uma prova de que existe algo fora de si mesmo e além de si mesmo. Descartes **prova a existência de Deus partindo das características do próprio sujeito pensante.** Os passos dessa prova são os seguintes: O que sou eu? Uma coisa que pensa. O pensamento tem seus modos (querer, sentir, negar, afirmar etc.) e é composto por ideias. Por mais que as coisas às quais as ideias se referem não sejam reais, as próprias ideias são reais. Isso quer dizer que, por mais que eu pense em algo que não sei se existe fora de mim, posso afirmar, com certeza, que essa ideia, que existe em mim, realmente existe. A maior parte dessas ideias pode ser criada por mim mesmo, pois existem elementos presentes em mim e em meu pensamento. Ora, se existir alguma ideia que não possa ter sido originada por mim mesmo, deve haver outro criador dessa ideia.

O que isso quer dizer? Não é tão complicado quanto parece. Para Descartes, na criação das ideias existe um **princípio causal** afirmando que tudo que é criado deve possuir os elementos de seu criador, ou, em outras palavras, **todo efeito deve possuir características de sua causa**. Toda ideia que existe em mim, portanto, deve ter elementos que eu seja capaz de fornecer a elas, caso eu realmente seja seu criador[5].

Seguindo a argumentação, Descartes nota que possuímos também a ideia de Deus, representado como um ser bom, onipresente, onisciente e infinito. Poderíamos nós mesmos ser os criadores da ideia de *infinito*, de acordo com o princípio causal apontado? Se todo efeito tem algo da causa e se somos os criadores de todas as nossas ideias – incluindo a ideia de *infinito* –, devemos afirmar que **nós mesmos somos infinitos**. Encontramos, portanto, uma ideia que não pode ter sua origem em você mesmo, ou seja, deve haver, necessariamente, outra coisa no mundo além de minha própria consciência, e essa outra coisa deve ser infinita: Deus.

---

5 Neste ponto, vale parar para pensar: Como o *cogito* pode criar ideias de coisas materiais sem ser ele mesmo material? Essa dúvida não passou despercebida por Descartes. Para o autor, tudo o que é material é, em última instância, redutível a elementos matemáticos. As ideias dos corpos, de tamanho, de lugar, de movimento etc., todas elas são redutíveis a relações matemáticas. Apesar de o *cogito* não ser material, ele tem em si noções matemáticas. Além disso, o *cogito* é a *res cogitans*, substância pensante. Descartes define as coisas materiais como *res extensa*, ou seja, substância extensa. Sendo ambos substâncias, o *cogito* pode ser o criador de tais ideias.

Portanto, **Deus existe e é infinito**. É o criador da minha própria ideia de infinito. E se Ele é infinito, deve ser infinito em todos os sentidos, ou seja, não deve ter tipo algum de privação. Por consequência, deve ser bom, visto que, para Descartes, o mal implicava privação. Se Deus é bom, Ele não deve ser enganador, nem maligno (como no exemplo usado como artifício teórico anteriormente). O Deus real que existe é, segundo Descartes, bom e veraz. Disso conclui que Ele não deve nos enganar nos fazendo pensar em algo como real quando, na realidade, é falso. A conclusão a que chegamos, portanto, é: **minhas sensações são reais, não podem ser falsas**. Como sou um *ser* dependente de Deus, Ele não me faria ter sensações quando, na verdade, não as tenho. A matemática, então, é real, os corpos são reais, minhas sensações são reais e meu conhecimento do mundo exterior é real! Toda falsidade e todo erro, como já vimos, é **fruto apenas do mau direcionamento de nosso espírito**.

Síntese

Neste capítulo, apresentamos a doutrina cartesiana sobre a natureza de nossas ideias e sua formação. Iniciamos com a apresentação da problemática do autor e com o estabelecimento do método de Descartes. Então, explicamos a argumentação contida em *Meditações metafísicas*. Evidenciamos que o filósofo lança mão de um processo de dúvida chamada de *dúvida metódica* ou *hiperbólica*, por ser ampla e geral. A partir da dúvida, colocando tudo o que parecia certo em xeque, chegamos a uma verdade certa e segura: a existência do "eu". Amparados em uma noção de causalidade, examinamos como o autor prova que existe algo além de nós mesmos no mundo – Deus, que é bom e veraz, que não nos engana. Por fim, analisamos como o autor estabelece a primeira certeza, o *cogito*, e como, a partir dela, é possível desenvolver uma cadeia de certezas, como a prova da existência de Deus e do mundo exterior.

Indicações culturais

> CARTESIUS. Direção: Roberto Rossellini. Itália/França, 1974. 162 min. Disponível em: <https://www.youtube.com/watch?v=T9cq7G8hoAE>. Acesso em: 7 jun. 2019.
> O italiano Roberto Rossellini dirigiu uma série de filmes sobre a vida de vários filósofos famosos. Nessa série, *Cartesius* apresenta um pouco da vida de Descartes. É um filme interessante, pois apresenta uma parte da biografia do autor, bem como suas discussões com interlocutores famosos, como Mersene, suas viagens e seu envolvimento com a vida intelectual europeia da época.

Atividades de autoavaliação

1. O método cartesiano tem uma importância central no desenvolvimento do processo da dúvida. Esse método é apresentado em *Discurso do método*, que estabelece algumas regras. Nesse sentido, a primeira regra do método é rejeitar como completamente falso tudo o que se apresente com qualquer possibilidade de dúvida. Podemos afirmar que Descartes estipula essa regra porque:
   a) o espírito científico e filosófico do autor teria criado nele um perfeccionismo que acabou tornando-se inerente à sua filosofia.
   b) tendo em vista que Descartes busca uma verdade incontestável, ela não deve apresentar a menor possibilidade de ser questionada.
   c) para tornar a investigação mais simples, o filósofo poderia rejeitar o maior número de hipóteses.
   d) o método embasa-se no bom senso de cada homem, e o bom senso humano é sempre falho.
   e) para Descartes, uma verdade absoluta é impossível, portanto, tal regra serve para colocar qualquer afirmativa em dúvida.

2. Considere a seguinte citação de *Discurso do método*:

   O bom senso é a coisa do mundo melhor partilhada, pois cada qual pensa estar tão bem provido dele que mesmo os que são difíceis de contentar em qualquer outra coisa não costumam desejar tê-lo mais do que o têm. E não é verossímil que todos se enganem a tal respeito; mas isso antes testemunha que o poder de bem julgar e distinguir o verdadeiro do falso, que é propriamente o que se denomina o bom senso ou a razão é naturalmente igual em todos os homens [...]. Mas não é suficiente ter o espírito bom, o principal é aplicá-lo bem. (Descartes, 1983a, p. 29)

   Essa afirmação de Descartes apresenta uma das principais razões pelas quais o autor desenvolve o método que aplica em sua investigação. Sobre o método, é correto afirmar:

a) Tendo em vista que a natureza supre todos os homens de igual capacidade, a origem dos erros não deve estar na natureza, mas na própria ação do homem.
b) Visto que todos os homens possuem bom senso, o método cartesiano seria apenas uma alegoria com o intuito de mostrar ao leitor que o pensamento humano é, necessariamente, correto.
c) O método é, na verdade, apenas um recurso didático de Descartes, visto que o bom senso natural presente em todos os homens torna desnecessária uma metodologia para sua aplicação.
d) A passagem citada é, na verdade, uma ironia do autor. A necessidade do método cartesiano revela que o bom senso humano é ausente na maioria dos homens.
e) O método cartesiano é, na verdade, um artifício teórico usado pelo autor para mostrar que as sutilezas da metafísica encontram-se fora do domínio da epistemologia.

3. Uma vez estabelecido, o método tornou-se uma regra que foi seguida por Descartes no posterior desenvolvimento de sua filosofia. Seu pensamento é apresentado em *Meditações metafísicas* de forma gradual, passo a passo. Esse movimento guiará o estudioso por meio de argumentos céticos, que eliminarão todas as certezas, até que, na segunda meditação, se estabeleça novamente algo de certo e seguro. Esse movimento cético do texto de Descartes recebe o nome de *dúvida hiperbólica*. Ela é chamada assim porque:
a) é uma dúvida exagerada e, por isso, é apenas hipotética, não devendo ser considerada de forma séria. É resultado do método cartesiano, um elemento apenas didático do autor.
b) é uma dúvida que se limita apenas às ideias dos sentidos, sendo circunscrita a determinado campo do saber humano.

c) tendo como resultado a prova da existência de Deus, a dúvida refere-se a conceitos metafísicos que são muito superiores aos sentidos e a todo o campo material relacionado ao homem.

d) é uma dúvida exagerada a tal ponto que se estende a tudo o que existe, ou seja, é capaz de abarcar tudo o que até então era considerado certo.

e) sendo Descartes também geômetra, sua teoria relaciona-se com conceitos da geometria, como linhas, figuras e hipérboles.

4. Ao apresentar o processo da dúvida em *Meditações metafísicas*, Descartes o divide em dúvida natural e dúvida metafísica. Sobre a dúvida metafísica, é correto afirmar:

a) Por ser metafísica, ela se aplicaria apenas a conceitos desse campo, como Deus, alma e conhecimento, não podendo colocar em xeque os elementos matemáticos, que são do campo da razão.

b) A dúvida metafísica lança mão da figura do gênio maligno, uma entidade real, opositora de Deus e, por isso, capaz de agir no âmbito metafísico, destruindo todos os nossos conhecimentos.

c) A dúvida metafísica utiliza-se de uma hipótese de um gênio maligno, hipótese esta que tem apenas finalidades teóricas, não apresentando realidade efetiva.

d) A dúvida metafísica é o momento menos abrangente da dúvida cartesiana, visto que depende da utilização do artifício teórico do gênio maligno.

e) A dúvida metafísica é a dúvida mais abrangente da filosofia cartesiana. Para atingir essa abrangência, ela depende da existência real de um Deus bom e de um gênio maligno, que são entidades opostas.

5. O *cogito* é a primeira certeza obtida após o processo da dúvida. Ele é apresentado como a certeza do "eu", a certeza de nossa própria existência. Trata-se de uma certeza segura, embasada no próprio pensamento, e que inaugura a cadeia de certezas que se seguirão em *Meditações*. Nessa cadeia de razões, é correto afirmar que a prova da existência de Deus:

   a) é hipotética apenas, sendo um artifício teórico usado por Descartes para comprovar outra hipótese.

   b) é embasada nos sentidos e, por isso, é uma prova falha, visto que os sentidos sempre nos enganam.

   c) é fundamentada nos sentidos e, por isso, é uma prova segura, visto que os sentidos são sempre verdadeiros.

   d) é extraída do próprio *cogito* e das ideias presentes nele.

   e) é inválida, pois depende da ideia de *infinito*, conceito cuja apreensão é impossível.

Atividades de aprendizagem

Questões para reflexão

1. Tendo em vista o problema relacionado aos sentidos apresentado na filosofia cartesiana, reflita sobre a relação entre suas próprias ideias e seus sentidos. Em que medida os sentidos prejudicam os conhecimentos ou fornecem falsos elementos a ele?

2. A certeza do *cogito* é apresentada por Descartes como uma certeza segura e firme, pois, por mais que eu me engane com relação a tudo, eu, que sou enganado, devo, necessariamente, existir. Note que esse "eu" que Descartes apresenta não precisa ter um corpo,

uma forma específica ou algum tipo de qualidade material, mas é apenas pensamento, pois é anterior a tudo isso. Você acha que o *cogito* é, de fato, uma verdade indubitável? Exercite seu pensamento tentando questionar essa verdade e responda: Existe algum argumento possível contra a existência do "eu" cartesiano?

Atividade aplicada: prática

1. Descartes expõe o famoso exemplo da cera, um experimento mental que tem por finalidade comprovar que, na verdade, o que nos permite conhecer as coisas não são os sentidos, mas uma atividade da mente, do espírito. Realize esse experimento com outras pessoas, seus amigos ou familiares, tentando mostrar a eles o que Descartes apresenta no exemplo. Tente convencê-los de que o conhecimento não advém dos sentidos, mas do espírito. Para variar os exemplos, busque outros objetos que possam funcionar de forma similar.

2

Malebranche: cartesianismo radical

Neste capítulo, vamos acompanhar Malebranche em sua radicalização da doutrina cartesiana abordada no capítulo anterior. A partir desse extremo, analisaremos como esse sucessor de Descartes elabora uma teoria alternativa para explicar o surgimento de nossas ideias, a teoria da visão em Deus, e em que medida elas se relacionam com o mundo exterior. Investigaremos também como tal teoria dialoga com outro conceito importante na obra de Malebranche – o ocasionalismo – complementando uma possibilidade de explicação da interação entre pensamento e mundo físico.

2.1
A radicalização do cartesianismo e seus problemas

Nicolas Malebranche nasceu em Paris, em 1638, e entrou, ainda na juventude, para uma ordem religiosa católica, tornando-se sacerdote. Em paralelo com as atividades religiosas, Malebranche destacou-se no cenário filosófico francês, sobretudo com sua principal obra, *A busca da verdade*[1], na qual tenta resolver um problema derivado de uma possibilidade de interpretação das ideias que você viu no capítulo anterior. A obra lança mão de uma teoria que ficou conhecida na tradição como *teoria da visão em Deus*. Essa teoria enquadra-se na linha temática deste livro, pois sugere uma possibilidade de entender a forma como conhecemos o mundo e o que dele podemos apreender.

A obra completa é dividida em vários livros. É no terceiro livro, chamado *Do pensamento ou do entendimento puro*, que se encontra a formulação da teoria da visão em Deus, estruturada com base em uma análise da natureza de nossas ideias. Essa análise é importante, pois, se considerarmos que as ideias são representações das coisas e que somos capazes de entender sua natureza e criação da forma adequada, poderemos compreender como elas ocorrem e em que medida se relacionam com o mundo. Você já deve ter notado que a questão do mundo exterior

---

1 *A busca da verdade* é uma obra que propõe uma alternativa à forma como entendemos a formação de nossas ideias e como elas se relacionam com o mundo, ou seja, apresenta uma doutrina epistemológica, mas que tem, no fundo, um peso teológico enorme. Não seria lícito nem legítimo lançar mão de justificativas para essa relação entre epistemologia e teologia com base no aspecto religioso da vida de Malebranche. Elaboramos, portanto, um trabalho fundamentado apenas nas referências textuais que temos, nas quais Malebranche não apela, afinal, para o campo da fé, mas tenta sempre se justificar filosoficamente.

está intimamente ligada à forma pela qual entendemos nossas ideias. Reflexos do mundo exterior, elas são a peça-chave de nosso problema e possibilitam aos filósofos desenvolver teorias sobre essa questão.

No caso de Malebranche, as ideias também têm um papel importante. Ele nos apresenta cinco possibilidades de entender como as ideias são formadas em nosso pensamento[2], mas apenas uma delas – a **hipótese da visão em Deus** – é considerada isenta de problemas. Antes de examinarmos cada uma das propostas, é preciso entender o que motivou Malebranche a debatê-las. Analisar o problema que Malebranche encontrou ao ler seu antecessor será o caminho a tomar rumo à compreensão dessa teoria.

O autor de *A busca da verdade* leu com muita atenção os textos cartesianos, inteirando-se profundamente dos temas tratados no capítulo anterior. Muito provavelmente, todos os tópicos apresentados em *Meditações metafísicas* e *Discurso do método*, de Descartes, estavam presentes nas reflexões de Malebranche. Mais ainda: ele leu esses textos tão a fundo que encontrou neles problemas que passaram despercebidos por outros leitores e, até mesmo, por Descartes. Foi justamente a partir desses problemas que Malebranche começou a pensar e a desenvolver sua teoria.

---

2   Malebranche também se refere ao pensamento pelo termo *espírito*. Portanto, quando nos referirmos a *espírito*, você deve entender tal termo como sinônimo de *pensamento*.

Preste Atenção!

> Você se lembra das duas substâncias que Descartes apresenta em sua teoria? Falamos, no capítulo anterior, de *res extensa* e *res cogitans*, ou seja, coisa extensa e coisa pensante – ou, ainda, substância extensa e substância pensante. A substância pensante possui determinada natureza, que é ser pensamento, e possui seus modos e características. A substância extensa, por sua vez, também possui seus modos e uma natureza determinada: ela é sempre redutível a atributos matemáticos, como extensão, forma, relação etc. As duas substâncias, portanto, por apresentarem naturezas completamente distintas, são absolutamente diferentes e independentes uma da outra. Sendo totalmente distintas, como se estabeleceria a relação entre elas? Em outras palavras, **como se constituiria a relação entre corpo e mente, entre matéria e espírito?** Existiria alguma relação possível?

Se radicalizarmos a teoria de Descartes, como faz Malebranche, torna-se difícil aceitar tal relação, e esse problema atinge vários aspectos da pretensa relação corpo/mente ou matéria/espírito. Podemos citar como exemplo o simples fato de seu braço obedecer ao pensamento quando você o move ou, ainda, o fato de a imagem de um objeto formar-se em sua mente quando seus olhos o observam.

Perceba que, nessa questão, subjazem vários problemas. Ao questionarmos a possibilidade e a natureza da relação entre as duas substâncias, indagamos também, ainda que implicitamente, como se formam as ideias: se elas são, de fato, concordantes com o mundo exterior, se elas nos surgem pelos sentidos ou não etc. Podemos afirmar que o problema ao qual se dedica Malebranche é um dos problemas centrais da questão do mundo exterior, justamente por englobar vários pontos de interesse.

Apesar de radicalizar e, por isso, distanciar-se de algumas posições teóricas de Descartes, Malebranche concorda com o autor de *Meditações* em alguns pontos. Talvez o mais importante e o primeiro deles seja o fato de **colocar os sentidos sob suspeita** quando o assunto é a fonte de nossas ideias. *A busca da verdade* é uma obra que tem por real objetivo, assim como a obra de Descartes, encontrar um caminho seguro para fugir do erro, e o erro mais perigoso para Malebranche é, justamente, a noção de que todas as nossas ideias advêm de nossos cinco sentidos. Portanto, a posição empirista lhe soa errada e simplista demais. Nesse sentido, *A busca da verdade* tenta, no início, justificar essa posição, motivo pelo qual o primeiro livro trata justamente dos erros dos sentidos. Veja só o que o autor afirma logo nas primeiras páginas:

> O erro é a causa da miséria dos homens, é o princípio sinistro que produziu o mal no mundo, é o que fez nascer e sustenta, em nossa alma, todos os males que nos afligem, e não devemos esperar felicidade sólida e verdadeira senão trabalhando seriamente para evitá-lo. (Malebranche, 2004, p. 59)

O erro é visto, então, como algo **absolutamente danoso** aos homens e como um **inimigo a ser evitado**. No entanto, fugir do erro pode não ser tão simples, visto que ele geralmente funda-se em preconceitos tidos como verdadeiros e seguros quando são, na verdade, falsos. Exemplo disso é a afirmação de que as ideias surgem dos sentidos. Seria essa afirmação tão segura quanto parece? Seria possível fundamentá-la de forma sólida? Perceba que, ao afirmar que as ideias surgem pelos sentidos, devemos aceitar que existe algo real fora de nós, ou seja, um mundo material com o qual se assemelham e concordam. Você deve lembrar que Descartes também se deparou com essa questão e tentou resolvê-la por meio do percurso pela dúvida metódica, assegurando sua certeza na ideia de um Deus bom que não pode ser enganador.

No entanto, a conclusão cartesiana não satisfaz Malebranche, pois, para ele, o entendimento de Descartes depende de duas condições: **Deus é bom e nós conhecemos as coisas de forma clara e distinta**. A primeira condição parece ser aceita sem dificuldades por Malebranche; no entanto, será que a segunda é possível? Esse é o ponto sobre o qual o autor se debruça na obra que vamos estudar. Como eu conheço o mundo? Meu conhecimento é correto? Minhas ideias concordam, de fato, com as coisas de fora? Ou ainda: é possível alguma relação entre matéria e espírito? Vejamos como Malebranche lida com essas dúvidas.

2.2
Ainda o mundo exterior: novas possibilidades de resolver a questão

Afirmamos que Malebranche lança mão de cinco hipóteses explicativas para tentar resolver dois problemas: como se formam nossas ideias; e se elas concordam com as coisas materiais do mundo, ou seja, se existe algo fora de nós que seja, de fato, tal como pensamos que é. As cinco hipóteses são as seguintes:

1. os corpos materiais causam impressões em nossa alma;
2. nossa alma produz, por si mesma, as ideias que representam as coisas;
3. as ideias são inatas;
4. a alma tem, em si mesma, todas as perfeições que percebe nos corpos;
5. a alma está unida a Deus, que contém em si as perfeições dos objetos e as fornece a nós.

O autor elenca cinco hipóteses, mas considera segura e convincente somente a última. As anteriores serão rejeitadas uma a uma no decorrer de sua obra.

A estratégia de Malebranche é, em primeiro lugar, considerar os atributos da matéria para só depois compará-la com o espírito. O autor de *A busca da verdade*, como tantos outros de sua época, também considerava o espírito como mais nobre e superior à matéria; portanto, sua escolha de iniciar seus exemplos e comparações por esta última não acontece em razão de ela ser mais importante. É apenas uma decisão didática do autor, visto que os assuntos concernentes ao espírito, por serem mais abstratos, talvez soem complexos demais para alguns leitores.

> Mas, porque essas ideias (sobre o espírito) são muito abstratas e não estão dentro do escopo da imaginação, parece adequado exprimi-las com relação às propriedades que convêm à matéria, as quais, podendo facilmente ser imaginadas, tornarão as noções atribuídas a essas duas palavras, entendimento e vontade, mais distintas e, mesmo, mais familiares. (Malebranche, 2004, p. 62)

Tendo estabelecido sua estratégia didática, Malebranche (2004, p. 62) inicia fazendo algumas definições e considerações sobre os conceitos ao redor dos quais sua teoria é desenvolvida:

> A matéria, ou a extensão, encerra nela duas propriedades ou duas faculdades. A primeira é a de receber diferentes figuras, e a segunda é a capacidade de ser movida. Do mesmo modo, o espírito do homem encerra duas faculdades: a primeira, que é o entendimento, tem a propriedade de receber várias ideias, isto é, de perceber várias coisas; a segunda, que é a vontade, é a faculdade que recebe várias inclinações ou quer diferentes coisas.

Podemos constatar, nessa passagem, vários pontos dignos de nota. Primeiramente, observe que o autor introduz sua estratégia pedagógica: ele recorre a atributos da matéria para, depois, compará-los com os atributos do espírito. As características materiais de receber diferentes formas e movimentos parecem, de fato, mais fáceis de perceber do que aquelas do espírito.

Feita a comparação, há algumas definições importantes. Note que, assim como a matéria, o espírito também pode receber diferentes figuras e é, por assim dizer, motivado. As diferentes figuras, ou formas do espírito, são fornecidas pelo **entendimento**, que percebe as coisas e modifica o espírito. Portanto, as ideias que são percebidas pelo entendimento são **modificações no próprio espírito**[3]. Já o movimento do espírito se concretiza pela **vontade**. É o querer que "move", por assim dizer, o espírito e o impulsiona na tomada de decisões, criando nele as inclinações. Outra questão extraída da passagem citada é a seguinte: tanto na matéria quanto no espírito, a modificação de sua forma (a percepção) é uma característica passiva (ou seja, ambos são modificados), ao passo que seu movimento (vontade) é uma característica ativa. É importante que, daqui em diante, você tenha sempre em mente as definições ora expostas, pois elas serão consideradas no decorrer da obra de Malebranche, ao longo do capítulo.

Agora que você se familiarizou com os primeiros conceitos importantes da teoria de Malebranche (entendimento e vontade), podemos analisar como os sentidos entram na discussão. Até aqui, dissemos apenas que eles são colocados sob suspeita como fontes seguras de conhecimento. Talvez a expressão *colocar sob suspeita* seja fraca demais diante das palavras do autor sobre o assunto: "Os sentidos e a imaginação são fontes fecundas e inesgotáveis de extravios e ilusões, mas o espírito, agindo por ele mesmo,

---

3   Note: quem **percebe** as coisas é o **entendimento**, e não os sentidos. Temos, aqui, uma distinção entre olhar e ver/perceber. Plinio Smith diz, em sua introdução à edição de *A busca da verdade*, que "assim, para ele [Malebranche] quando percebemos um objeto, por exemplo, uma árvore, olhamos para ela, isto é, nossos olhos estão voltados para um certo objeto extenso, a árvore, e vemos com os 'olhos' de nossa alma, uma árvore espiritual. Malebranche traça aí uma importante distinção entre olhar, um evento puramente físico, e ver, um ato puramente espiritual" (Malebranche, 2004, p. 20).

não está tão sujeito ao erro" (Malebranche, 2004, p. 157). Isso quer dizer que os sentidos erram e falham frequentemente e, como você já deve desconfiar, não representam fontes seguras de conhecimento. Por outro lado, **quando o espírito age por meio do entendimento, raramente erra ao produzir suas ideias**. Mas o que é uma ideia?

Malebranche assevera que a *ideia* é uma **representação imediata dos objetos**, ou seja, ela é uma representação criada em nosso espírito que nos remete às coisas em geral. Note que ela é imediata, ou seja, não tem mediação alguma. Quando pensamos ou percebemos algo, são as ideias que estão presentes. Lembre que é o entendimento que percebe. Isso conduz a algumas consequências inevitáveis, como, por exemplo, aceitar que a **presença efetiva dos objetos não é necessária para que possamos percebê-los**. Em uma passagem emblemática de *A busca da verdade*, encontramos: "Vemos o sol, as estrelas e uma infinidade de objetos fora de nós, e não é provável que a alma saia do corpo e que vá, por assim dizer, passear pelos céus para naquele contemplar todos esses objetos" (Malebranche, 2004, p. 166). Portanto, **quando o espírito percebe algo, é sempre através da ideia, e não através do próprio objeto.**

Essa caracterização da ideia, segundo Malebranche, já encaminha nossa discussão para o ponto central deste capítulo, o meio pelo qual a ideia é formada. Observe que a existência real dos objetos materiais não é o centro da questão, visto que a presença efetiva deles para o processo de percepção não é necessária. Para que a percepção ocorra, basta que o espírito perceba a ideia. Mas de onde ela vem? Quando Malebranche diz que nossa alma não sai do corpo para passear nos céus, o que ele quer dizer é que não há, justamente, a necessidade de um contato direto entre nós e o objeto em si para que aconteça a percepção e a ideia exista[4]. Para resolver essa questão, o autor lança mão das cinco hipóteses que já anunciamos, analisando uma a uma para ver qual é a mais plausível. Passemos a comentá-las.

2.2.1 Os corpos materiais causam as ideias na alma

As ideias poderiam ser causadas por impressões criadas em nós pelos próprios corpos materiais? Essa hipótese não soa como correta para Malebranche. Sendo os corpos impenetráveis, eles só poderiam gerar impressões também impenetráveis. Para o filósofo, **não é concebível que um ser gere algo de natureza distinta da sua**. Por esse motivo, ele considera que, se os corpos gerassem impressões, estas deveriam ser da mesma natureza desses corpos – impenetráveis, sem poder ocupar o mesmo lugar no espaço simultaneamente. Agora, imagine que essas impressões são lançadas no espaço até atingir um observador. Como elas transporiam o espaço também preenchido de matéria impenetrável?[5] Outra dificuldade dessa hipótese: imagine que você observa um objeto qualquer – como uma casa – de vários ângulos e vê, de cada vez, um lado diferente da casa. Como seriam emitidas as impressões desse corpo até chegarem ao observador? Cada lado da casa emite suas impressões individualmente? A casa como um todo, então, nunca poderia ser percebida? Ou, se a casa emite suas impressões como um todo, por que

---

4 Lembre também que, se considerarmos que a ideia é fruto direto da percepção de algo material, estabeleceremos uma relação e uma interação entre matéria e espírito, o que ainda não temos como garantir.

5 Aqui, é necessário destacar que a noção de *física* vigente na época de Descartes e, também, na de Malebranche aceitava o modelo cartesiano de espaço, ou seja, considerava o espaço pleno e totalmente preenchido de uma matéria sutil chamada de *éter*. A ideia de um espaço vazio ou vácuo passou a ser aceita apenas anos mais tarde, com o advento da física de Newton.

conseguimos observar cada lado de forma individual? Muitos problemas envolvidos nessa hipótese, não é mesmo? Malebranche também a considerou problemática e a rejeitou.

2.2.2 Nossa alma produz suas ideias por si mesma

A segunda hipótese elencada por Malebranche sobre a criação de nossas ideias afirma que nossa alma é capaz, por si mesma, de produzir suas próprias ideias. Isso quer dizer que o pensamento é autossuficiente e tem fontes e capacidades suficientes para que todas as ideias sejam produzidas por ele próprio, sem a necessidade de recorrer a nada além de si. Seria essa hipótese plausível?

Contra essa linha de argumentação, o autor dá duas respostas diferentes, uma de viés teológico e outra de caráter propriamente epistemológico. A primeira delas depende de um pressuposto que, geralmente, é aceito em debates teológicos: **as coisas espirituais são superiores e mais nobres do que as coisas materiais**. Não cabe aqui discutir a validade desse pressuposto, o que exigiria um capítulo específico. Diremos apenas que ele é aceito por Malebranche. Pois bem, vamos então considerar que as coisas espirituais são superiores às materiais. Estendemos o exercício, aceitando também que as próprias ideias são reais, têm qualidades e são, portanto, entidades espirituais (e não materiais, obviamente). Caso a própria alma produza suas ideias, de acordo com tal pressuposto, diríamos que a alma humana é capaz de produzir coisas superiores e mais nobres do que as que Deus criou (no caso, o mundo material). Além disso, e aqui entra a parte epistemológica do contra-argumento de Malebranche, **parece improvável que um homem consiga conceber ou pensar em algo que ele nunca tenha visto antes**. No entanto, temos ideias novas, o que soa como absurdo se considerarmos a alma como sua própria produtora de ideias. Desses dois contra-argumentos, o autor conclui que a alma não pode produzir suas próprias ideias.

2.2.3 As ideias são inatas

A terceira hipótese afirma que a alma não produz, mas já nasce com todas as ideias nela. Assim, as ideias são inatas, nascem com o indivíduo. Ora, se nosso conhecimento ocorre por meio de ideias, e as ideias já nascem com o sujeito, a consequência disso seria que o sujeito conhece **tudo** que existe, visto que as ideias já estão na alma dele.

Se essa hipótese fosse possível, o homem deveria ter em sua mente "tantos números infinitos de ideias quantas forem as figuras diferentes, de modo que é preciso, para conhecer somente as figuras, que o espírito tenha uma infinidade de números infinitos de ideias, visto que há um número infinito de figuras diferentes" (Malebranche, 2004, p. 185). Essa citação embasa-se nas infinitas possibilidades das figuras geométricas. Para que o homem conhecesse apenas as figuras, seria necessário que ele já nascesse com uma infinidade de ideias e relações em seu espírito, o que parece absurdo e leva à sua imediata negação.

2.2.4 A alma tem em si todas as perfeições das coisas que percebe

Se você considerar os contra-argumentos das três hipóteses anteriores, poderá, sem muito esforço, perceber por que esta também é rejeitada por Malebranche. Para que ela seja aceita, deveríamos resolver os problemas apresentados nas hipóteses prévias. Portanto, a alma parece não poder ter em si todas as perfeições das coisas que percebe.

2.2.5 Vemos tudo em Deus

Por fim, a última hipótese apresentada pelo autor é a que diz que tudo o que vemos é apresentado a nosso espírito por Deus. Tudo o que percebemos, todas as nossas ideias, estão presentes no Ser supremo. Vemos tais ideias n'Ele na medida em que Ele quer nos mostrar. Hipótese abstrata demais, você poderá argumentar. Mas será que ela apresentará mais dificuldades do que as quatro anteriores? Para Malebranche, por mais abstrata e metafísica que seja tal hipótese, ainda assim ela soa como a mais plausível. Como apresenta menos dificuldades, é aceita pelo autor. Vejamos, a seguir, como ela funciona.

2.3
Visão em Deus: dos erros dos sentidos para uma epistemologia amparada na divindade

Vamos recapitular brevemente o que estabelecemos até aqui. Para Malebranche, os sentidos ocupam um lugar secundário na formação de nossas ideias e no processo de percepção, uma vez que geralmente são fontes de erros. Além disso, são as ideias, e não os sentidos, o mais importante para que aconteça a percepção. As ideias, por sua vez, estão sempre presentes de forma imediata no espírito quando ele é modificado pelo entendimento, que as percebe e gera tal modificação. Como os sentidos são frequentemente enganosos, as ideias devem ter outra origem que não as cinco vias sensoriais. Assim, Malebranche elenca cinco hipóteses na tentativa de explicar a fonte de nossas ideias, mas apenas uma – a visão em Deus – é tida como a hipótese correta.

A teoria da visão em Deus postula que todas as ideias presentes em nosso espírito no momento em que um conhecimento ocorre são apresentadas a nós por Deus – ou, antes, **nós vemos**[6] **as ideias EM Deus**. Na construção dessa hipótese, Malebranche aceita dois pressupostos importantes: **Deus possui em si todas as ideias**; e **nosso espírito está unido intimamente a Ele** (ou seja, nosso espírito está unido a Deus

---

6 Lembre-se da distinção entre *ver* e *olhar* (cf. nota 3).

assim como as coisas materiais estão unidas ao espaço). Aceitos esses dois pressupostos,

> [...] é certo que o espírito pode ver aquilo que, dentro de Deus, representa os seres criados, visto que isso é muito espiritual, muito inteligível e muito presente ao espírito. Assim, o espírito pode ver, em Deus, as obras de Deus, supondo que Deus queira revelar-lhe o que nele as representa. (Malebranche, 2004, p. 191)

A união entre nosso espírito e Deus permite que o sujeito veja em Deus as ideias que ele percebe, mas somente na medida em que Deus deseja mostrá-las. Na tentativa de simplificar a ação de Deus nesse processo, Malebranche diz que não há a necessidade de vermos ideia por ideia em Deus a todo o momento. Podemos conceber todas as ideias das coisas materiais através da ideia simples de **extensão** – essa, sim, vista em Deus. Note que o visto é a ideia de extensão, não o próprio Deus. Essa ressalva é importante para evitar mal-entendidos e a falsa impressão de que a teoria de Malebranche garante um conhecimento completo da divindade. Não é esse o ponto. O que o espírito vê em Deus são apenas as ideias das coisas. Vale reforçar também que, assim como já dissemos, a presença efetiva dos objetos materiais não é exigida para que a percepção aconteça.

A hipótese da visão em Deus é a única que parece plausível a Malebranche. Podemos apontá-la como a única hipótese que lhe resta, pois chegou a ela pela **negação** das outras quatro. Já que temos ideias de fato, é preciso que elas se formem de algum modo. Esgotando-se todas as outras possibilidades, a única que resta como possível deve ser a correta, e assim se estabelece a visão em Deus como a teoria malebranchista da formação das ideias, teoria capaz de solucionar, em um primeiro momento, o problema da relação entre as duas substâncias, a material e a espiritual.

Importante!

> Apesar do caráter espiritualista da teoria do conhecimento de Malebranche, não podemos dizer que ela seja uma teoria que negue a realidade da matéria e dos corpos (como a teoria de Berkeley, que veremos adiante). Ao contrário, assim como a alma está unida a Deus, ela também está unida ao corpo, defende ele. Essa união é uma das razões pelas quais os sentidos são errôneos e a dependência do corpo faz com que nosso conhecimento seja limitado. É por conta dessa limitação que, para analisar da forma adequada as atividades do espírito e a formação das ideias, o autor analisa o espírito apenas em si mesmo, sem relação com o corpo. Se essa relação fosse levada em conta, recairíamos inevitavelmente em erros. Mas o que podemos falar de tal relação?

Lembre que toda a problemática presente em *A busca da verdade* inicia-se a partir de uma radicalização da dicotomia cartesiana. Podemos afirmar, portanto, que Malebranche **aceita a distinção entre** *res cogitans* **e** *res extensa*, ou seja, ele corrobora a existência de duas substâncias distintas e de naturezas particulares. Após aceitá-las, Malebranche afirma que elas estão unidas temporariamente, durante a vida do indivíduo, mas que essa união, apesar de necessária para a vida, **impede que o conhecimento se amplie**. O que isso quer dizer? É simples: você deve lembrar que, para o autor, as ideias são modificações na forma do espírito, que opera, de certa maneira, como a matéria. Ambos recebem, de forma passiva, diferentes formas. O entendimento percebe as ideias e modifica o espírito (processo de percepção), no entanto, as modificações possíveis do espírito não são infinitas, ou seja, o espírito não é capaz de conhecer a totalidade das coisas, assim como as modificações da forma da matéria também são **limitadas**. Malebranche (2004, p. 164) assim explica:

> A matéria que compõe nosso corpo é capaz apenas de muito poucas modificações no tempo de nossa vida. Essa matéria pode ser transformada em terra e em vapor somente após nossa morte. No presente momento, não pode tornar-se ar, fogo, diamante, metal; ela não pode tornar-se redonda, quadrada, triangular; é preciso que ela seja carne, miolos, nervos e o resto do corpo de um homem, para que a alma esteja a ela unida. Passa-se o mesmo com a nossa alma; é necessário que ela tenha as sensações de calor, de frio, de cor, de luz, de sons, de odores, de sabores e muitas outras modificações, para que permaneça unida a seu corpo.

Nesse trecho, é possível constatar que corpo e alma têm limitações. Para que a matéria se apresente como corpo, enquanto vivemos, ela deve ser composta de modo a formar nervos, músculos, ossos etc. Após a morte e a decomposição do corpo, a matéria pode assumir outras formas, como cinzas, vapores etc. De forma semelhante, nossa alma é capaz apenas de certo número de modificações (percepções) durante o período de nossa vida, isto é, enquanto ela estiver unida ao corpo. Dissolvida essa união, muito provavelmente a alma será capaz de **novas modificações**. Por conseguinte, terá **novas ideias** que não tinha quando estava unida ao corpo.

Note que é aqui que se apresenta o nó górdio de toda a teoria do autor. A união entre corpo e alma é necessária para a vida, mas essas duas substâncias (*res extensa* e *res cogitans*) são absolutamente diferentes, e por isso não se comunicam. Durante o período da vida, enquanto existe essa união entre o corpo e a alma, "todas as suas sensações relacionam-se a seu corpo" (Malebranche, 2004, p. 163). A união corpo/alma, que é uma condição natural cujas razões desconhecemos e que, possivelmente, pertencem apenas à sabedoria divina, é dada e limita o conhecimento da alma. No entanto, de acordo com a teoria da visão em Deus, não é o corpo que fornece as ideias da alma, e sim o próprio Deus. Podemos afirmar que há, então, dois campos distintos que existem de fato: o material e o espiritual. Esses dois campos agem em paralelo e de forma independente, ambos sendo criação divina. A ação no mundo material será apenas uma ocasião para a ação divina, que é espiritual. E se você analisar da forma correta a teoria exposta em *A busca da verdade*, verá que essa é uma conclusão inevitável.

2.4
Da metafísica à física: o ocasionalismo

Nas seções anteriores, avaliamos como Malebranche resolve o problema da formação de nossas ideias. Ao elencar e questionar as cinco possibilidades de surgimento delas em nossa mente, o autor aceita como possível apenas a hipótese da visão em Deus. Resumidamente, tal hipótese considera que tudo o que percebemos são ideias, entidades espirituais presentes em Deus – que nos revela tais ideias. É a alternativa que contorna os problemas de uma relação direta entre o mundo material e nossa mente. Vale relembrar que Malebranche não rejeita a existência do mundo material, muito pelo contrário. Ele existe, possui características específicas e relaciona-se com nossa alma de algum modo. O próprio autor aceita que, durante o período da vida de um indivíduo, a alma encontra-se limitada e unida ao corpo.

Ora, teríamos então uma contradição na obra de Malebranche? Como podemos entender o fato de toda a nossa percepção ser mostrada por Deus – o que seria uma consequência da impossibilidade da relação entre corpo e alma – e aceitar, ao mesmo tempo, que o corpo está unido à alma? Ou, em outras palavras, por que a alma sente as sensações corporais como frio, calor, fome etc., mas, na verdade, não é o corpo nem a matéria que nos fornecem tais ideias? Como adiantamos ao final da seção anterior, o mundo material é apenas ocasião para a ação de Deus. Considere que Deus é a causa verdadeira de nossas ideias, de nosso conhecimento e de nossos sentimentos. Portanto, você poderá dizer que a divindade é o ponto central da teoria epistemológica de Malebranche, uma vez que o processo de conhecimento depende dessa ação divina. Mas isso não é algo evidente. Um olhar não filosófico dificilmente perceberia as conclusões que Malebranche nos apresenta. O que fica claro para nós, e que parece ser o mais evidente, é o mundo material e suas relações causais. O senso comum dirá: "Vejo um objeto e esse objeto cria em mim uma ideia". Entretanto, sabemos que, para o autor de *A busca da verdade*, uma afirmação como essa é apenas fruto dos erros dos nossos sentidos.

> Deus, que é o único capaz de agir em nós, esconde-se, então, de nossos olhos, suas operações não têm nada de sensível, e, ainda que ele produza e conserve todos os seres, o espírito, que busca com tanto ardor a causa de todas as coisas, tem dificuldade em reconhecê-lo, ainda que o encontre a todo momento. (Malebranche, 2004, p. 323 – Esclarecimento XV)

Apesar de verdadeiro, o mecanismo da ação de Deus é **velado e evidente apenas para o espírito que se aplica filosoficamente em conhecê-lo**. Disso se segue que certas características da matéria são criadas ou imaginadas para tentar dar conta de explicar as relações de causa e efeito – sendo Deus a verdadeira causa universal de todas as relações, inclusive as materiais. Para o autor, ainda quanto a esse caráter oculto de Deus, podemos dizer que ele é **consequência do pecado original**, que afasta o homem da divindade e cria uma espécie de oposição entre ambos. Essa oposição reflete-se tanto na falibilidade moral do homem – consequência do pecado original – quanto na epistemologia, pois "sentindo-se pecador, o homem esconde-se, foge da luz, teme o encontro com Deus e prefere antes imaginar, nos corpos que o cercam, uma potência ou uma natureza cega com a qual possa se familiarizar [...]" (Malebranche, 2004, p. 324). Assim, a cegueira que o pecado original cria no homem faz com que ele se afaste de Deus e acabe por criar ficções para explicar a realidade das coisas.

Ao falar das relações causais do mundo[7], Malebranche afirma que as explicações sobre esse ponto são problemáticas e sustentam-se com muita dificuldade. Lembre-se de que ele havia feito a mesma ressalva ao tratar da investigação sobre a origem de nossas ideias. Portanto, restaria apenas uma justificativa plausível: **é Deus quem faz tudo**.

Assim como no caso da formação das ideias, essa explicação ampara-se no fato de que os sentidos geralmente são fontes de erros e que existe uma oposição entre razão e experiência. A experiência sensível parece mostrar que o sol de fato aquece, ou que dois corpos se chocando comunicam movimento um ao outro. Essa era, segundo Malebranche, a explicação oferecida por Aristóteles ao afirmar que os próprios objetos possuem em si capacidades que os tornam causas de certos efeitos. O francês disse que tal explicação tornava Aristóteles digno de piedade (Malebranche, 2004, p. 328 – Esclarecimento XV) uma forte acusação contra um dos maiores nomes da filosofia ocidental.

Para Malebranche, corpos inanimados não podem possuir em si nenhum tipo de ação, potência, ou natureza que os tirem, por si próprios, de sua inércia. Portanto, a origem de todas as ações na natureza seria **Deus**. E sendo Deus a causa verdadeira de todo movimento e de toda ação na natureza, não há a necessidade de apelar a causas segundas,

---

7 Quando nos referimos a *relações causais*, devemos considerar todo tipo de relação de causa e efeito, desde as físicas até as epistemológicas. Nesse sentido, o processo de formação de nossas ideias é também fruto de uma relação causal, que tem como causa primeira, de acordo com a teoria de Malebranche, Deus.

ou seja, a características particulares de cada objeto – simplificando, assim, a solução do problema.

O mundo material, então, é visto por Malebranche como mera ocasião para a ação divina e para a execução de seus desígnios. Em outras palavras, Deus é a causa real e absoluta de todas essas relações. Os objetos materiais agem como causas ocasionais para que a vontade e a onipotência divinas sejam executadas. Esse é o cerne de seu **ocasionalismo**, que surge como um complemento à teoria da visão em Deus. A teoria dá conta de explicar a aparente inutilidade do mundo material diante da totalidade da ação divina, além de possibilitar uma explicação sobre a relação entre as duas substâncias: a extensa e a pensante.

Teria Malebranche se dado conta do problema criado pela radicalização da teoria cartesiana? Sim e não. Sim porque a teoria da visão em Deus, somada ao ocasionalismo, é uma possibilidade de explicar as ações simultâneas da matéria e do espírito. Porém, ao postular essa explicação, Malebranche também elimina as possibilidades de relação entre corpo e alma, o que, ao que nos parece, não é o que Descartes pretendia fazer. Se bem entendida, a teoria cartesiana aceita a existência dessa relação, apesar de não mostrá-la como algo óbvio. Malebranche, ao tentar resolver esse impasse, modifica a tal ponto a natureza dessa relação que ela deixa de existir. Desse modo, podemos falar de uma nova teoria, e não apenas de uma releitura da hipótese cartesiana.

Síntese

Nicolas Malebranche radicaliza o cartesianismo a partir da impossibilidade da relação entre as substâncias material e espiritual. Metafísica e física misturam-se na teoria do autor. Trata-se de uma teoria que pondera o caráter espiritual de nossas ideias a tal ponto que a matéria é colocada como desnecessária para sua formação. Entretanto, apesar dessa superioridade e da independência de nossas ideias, a matéria existe e serve de ocasião para a ação divina – aquela que é a verdadeira fonte de ideias de nosso espírito.

Concluímos com o autor que todas as nossas ideias são vistas por nosso entendimento em Deus através da simples percepção da ideia de *extensão*. O ponto central é aprender a aceitar que temos acesso, de fato, a algumas ideias em Deus, mas apenas as reveladas por Ele, de acordo com Sua vontade. A matéria existe e é criação divina. Portanto, o ocasionalismo é colocado em cena para tentar dar conta de unir matéria e espírito.

Indicações culturais

MALEBRANCHE, N. **Diálogos sobre a metafísica e a religião**. Disponível em: <https://acervodigital.ufpr.br/bitstream/handle/1884/29815/Malebranche_Di%C3%A1logos%20sobre%20a%20Metaf%C3%ADsica%20e%20a%20Religi%C3%A3o.pdf?sequence=3&isAllowed=y>. Acesso em: 15 ago. 2018.
O próprio Malebranche desenvolve textos mais didáticos para expor e explicar suas teorias apresentadas em *A busca da verdade*. São leituras mais leves e muito úteis para esclarecer eventuais dúvidas que permaneceram após o estudo deste capítulo. Por isso, recomendamos a leitura de alguns desses textos, que são apresentados em formato de diálogos entre dois ou mais personagens. Entre eles, sugerimos os *Diálogos sobre a metafísica e a religião*, disponível em português gratuitamente na internet.

Atividades de autoavaliação

1. Se, como faz Malebranche, radicalizarmos um elemento da doutrina de Descartes, surge um problema. Essa radicalização diz respeito à relação entre corpo e mente ou, em outras palavras, entre matéria e espírito. Podemos dizer que tal relação é problemática, pois:
   a) o corpo é sempre dependente da alma e, por isso, deve sempre seguir os ditames do espírito. Dessa forma, a liberdade é colocada em xeque.
   b) o espírito é sempre fraco e falho, já que o corpo delimita sua ação e direciona os pensamentos para ideias que são falsas e impossíveis de se conceber.
   c) o espírito e a matéria são duas substâncias distintas. Assim, a relação entre eles precisa ser explicada de forma adequada.
   d) como não temos certeza da existência do corpo, a relação entre corpo e mente pode ser inexistente e ilusória.
   e) o corpo é a única instância real da teoria de Malebranche.

2. Malebranche lança mão de cinco hipóteses explicativas na tentativa de responder o problema proposto por ele. Sobre essas cinco hipóteses, é correto afirmar:
   a) São apresentadas de maneira exaustiva. Para o autor, essas cinco hipóteses são todas as possibilidades de explicação do problema proposto por ele, embora apenas uma seja correta.
   b) As cinco hipóteses são apenas elementos didáticos do autor. Na verdade, o problema é teológico e pode ser respondido apenas recorrendo à fé.
   c) As cinco hipóteses podem ser verdadeiras, dependendo da perspectiva do autor. Isso quer dizer que, de acordo com a forma como cada uma das hipóteses é lida, suas validades variam.

d) As cinco hipóteses funcionam em conjunto, como um sistema metafísico, sendo a teoria da visão em Deus uma consequência direta das outras quatro hipóteses.

e) As cinco hipóteses não esgotam todas as possibilidades de lidar com o problema, servindo apenas de incentivo para o leitor pensar em outras hipóteses possíveis.

3. Segundo a teoria da visão em Deus, só vemos as ideais em Deus na medida em que ele nos mostra. Na tentativa de simplificar essa explicação, não há necessidade de analisar cada uma das ideias sensíveis em particular, mas apenas a ideia de *extensão*. Para que essa hipótese seja válida, Malebranche exige alguns elementos como pressupostos. Quais são esses elementos?

a) Deus possui em si todas as ideias, e nosso espírito está unido a Deus, assim como a matéria está unida ao espaço.

b) Os sentidos sempre falham, e as ideias são cópias reais das coisas materiais.

c) Deus possui em si todas as ideias das coisas, e nosso corpo é a fonte principal de nossas ideias.

d) Os objetos lançam impressões em nossos sentidos, e a fé em Deus atua como garantia das verdades teológicas.

e) Conhecemos a essência divina e somos capazes de pensar em todos os conceitos possíveis.

4. Uma das conclusões da teoria da visão em Deus é que, na verdade, os objetos não precisam necessariamente estar presentes para que nossas ideias se formem, visto que quem nos fornece tais ideias é Deus. Uma das consequências disso é que, na verdade, Deus é a causa real de todas as relações entre as coisas. Considerando esse enunciado e a aparente relação causal entre nossa vontade e o movimento de nosso corpo, é correto afirmar:

a) O problema da relação entre corpo e mente permanecerá sem ser respondido por Malebranche.

b) O ocasionalismo surge como tentativa de explicação dessa relação, postulando que, na verdade, a matéria só se move se as ocasiões físicas forem propícias.

c) As relações causais são apenas ideias presentes em Deus. Por isso, a matéria não tem existência de fato.

d) O ocasionalismo postula que, na verdade, as relações do mundo material são apenas ocasião para a ação divina, ação esta que é a verdadeira causa de todas as relações.

e) O ocasionalismo é uma teoria utilizada por Malebranche para garantir a verdade das relações causais do mundo físico.

5. Considere a seguinte passagem de *A busca da verdade*: "Vemos o sol, as estrelas e uma infinidade de objetos fora de nós, e não é provável que a alma saia do corpo e que vá, por assim dizer, passear pelos céus para naquele contemplar todos esses objetos" (Malebranche, 2004, p. 166). Diante do contexto e da discussão em que se insere, podemos dizer que a presença imediata dos objetos ao espírito é necessária para que uma ideia se forme?

a) Sim, pois o objeto é a fonte de impressões que fornecem os elementos constituintes de nossas ideias.

b) Não, pois, na verdade, a causa real de todas as nossas ideias é Deus, que nos mostra espiritualmente tais ideias de acordo com Sua vontade.

c) Não, pois o espírito é capaz, por si mesmo, de produzir tudo o que é necessário para a composição das ideias.

d) Sim, pois, como nenhuma ideia é inata, a fonte delas deve ser algo externo e diferente do próprio espírito.

e) Não, pois as impressões são a causa real de nossas ideias, e tais impressões independem dos objetos materiais.

Atividades de aprendizagem

Questões para reflexão

1. Malebranche apresenta uma lista de cinco possibilidades para explicar seu problema, reunindo todas as alternativas possíveis sobre o assunto. A alternativa escolhida por ele, apesar de não poder ser demonstrada – ou seja, é impossível de ser comprovada da mesma forma que comprovamos um teorema matemático –, ainda assim é escolhida pelo autor por ser a que apresenta o menor número de problemas, sustentando-se de forma mais provável. Podemos dizer, então, que esse tipo de critério para selecionar uma teoria ou hipótese não é demonstrativo, mas opera pela verossimilhança, pelo que é mais provável. Reflita sobre esse critério e seu uso na filosofia. Em seguida, elabore um pequeno texto tentando sustentar suas posições. Tente apresentar respostas para questões como: Esse critério é seguro? Posso me embasar em algo que não é demonstrado? A filosofia sempre exige demonstração?

2. Você concorda com a rejeição, feita por Malebranche, das quatro hipóteses sobre a formação de nossas ideias em detrimento da teoria da visão em Deus? Comente cada uma e analise se há algo nelas que poderia ser considerado mais seguro do que a teoria da visão em Deus.

Atividade aplicada: prática

1. Crie uma reconstrução argumentativa deste capítulo sobre Malebranche. Seu texto deverá reunir as informações essenciais da teoria do autor, mas não deve ser apenas uma lista ou um simples resumo. Reescreva, com suas palavras, os movimentos argumentativos do autor, desde a exposição do problema até sua conclusão.

3

Berkeley e as ideias sensíveis

Neste capítulo, analisaremos os argumentos utilizados por George Berkeley na construção de sua teoria sobre nossos sentidos e a formação de nossas ideias. Averiguaremos as razões pelas quais podemos classificar essa teoria como um empirismo idealista.

3.1
Introdução à problemática de Berkeley

George Berkeley nasceu na Irlanda, em 1685. Estudou e lecionou Teologia e Filosofia, dedicando-se à leitura dos filósofos empiristas ingleses, como Locke, por exemplo. Ao mesmo tempo, pesquisava as teorias de Malebranche e Descartes. Essa mistura entre filósofos empiristas e idealistas teve um papel decisivo na concepção que Berkeley faz de nossas ideias e da forma de acesso ao mundo exterior.

Assim como seus antecessores, o centro da discussão da principal obra de Berkeley, o *Tratado sobre os princípios do conhecimento humano*, é a formação de nossas ideias. Assim como nos dois filósofos anteriores, a existência e a realidade do mundo exterior serão questões derivadas da investigação sobre a natureza do conhecimento. O autor pergunta-se até que ponto nossas ideias correspondem a um mundo externo, material, que serve de fonte para os elementos que as formam em nossa mente. Temos aqui, novamente, o cerne da questão do mundo exterior, não é mesmo?

A teoria de Berkeley é extremamente interessante por vários motivos. Começa pelo seu caráter excêntrico: o filósofo afirma categoricamente que **não temos como garantir a existência do mundo material!** Somado a isso, há o fato de que várias das provas que o autor utiliza remetem-se às **sensações do próprio leitor**, ou seja, Berkeley nos convida a fazer várias experiências mentais, e os resultados dessas experiências são usados como elementos para provar que a matéria não existe. Seus argumentos são bastante convincentes, difíceis de ser contrariados. Seremos, então, obrigados a aceitá-los? Bom, antes de tudo, precisamos compreendê-los, não é mesmo?

A teoria de Berkeley é, provavelmente, uma das poucas – senão a única – da história da filosofia que pode ser classificada como um *empirismo idealista*. Contradição nos termos? De forma alguma!

O pensamento do autor de fato oferece elementos capazes de classificá-la desse modo. A argumentação coerente, rigorosa e – por que não? – elegante de *Tratado* revela o quão incerta é a seguinte afirmação: nossas ideias são cópias das coisas de fora, que são materiais e reúnem em si qualidades específicas que nos são acessíveis através de nossos sentidos. Tal frase não é um mero exemplo, mas representa o pressuposto fundamental das teorias empiristas – sobretudo as dos empiristas ingleses, como Hume e Locke[1].

O pensamento de Berkeley é único na história da filosofia. Podemos citar o fato de que sua teoria nos leva a **não conceber os corpos como substância**. Isso quer dizer que, ao contrário do que pensava Descartes, não haveria duas substâncias, uma corpórea e uma espiritual. Para Berkeley, só existe uma substância: tudo é **espírito**.

O uso do termo *substância* pelo autor de *Tratado* é bem restrito e específico. Ele se remete ao termo latino *substractum*, ou seja, aquilo no qual residem determinados elementos. O pensamento de vertente cartesiana considera a matéria como um *substractum*, ou seja, algo no qual residem qualidades materiais, como as matemáticas, por exemplo.

Podemos afirmar, então, que, para Descartes, a matéria é um suporte de qualidades específicas: as qualidades materiais. Segundo o pensamento de Berkeley, entretanto, não há como sustentar tal afirmação, por ser o espírito o único *substractum*, a única substância possível. A matéria é rejeitada em sua filosofia. Tudo o que há são **ideias sensíveis**, que, quando apresentadas em **conjunto**, fornecem as ideias que temos de

---

[1] David Hume será o tema do próximo capítulo. Locke não é contemplado nesta obra, mas recomendamos a leitura de *Ensaio sobre o entendimento humano*, obra na qual esse filósofo se debruçará sobre as questões aqui em debate. Existem várias boas traduções para a língua portuguesa. Talvez a mais acessível seja a do volume sobre Locke da coleção *Os Pensadores*.

coisas e objetos. Note, entretanto, que a realidade é sensível, mas a sensibilidade não reside na matéria, mas nas ideias. Essa proposição permite classificar a teoria de Berkeley como um *empirismo idealista*. A análise do filósofo começa pela linguagem. Ele defende que temos a falsa sensação de poder abstrair ao extremo diversas ideias, gerando confusões que se refletem no modo como entendemos a formação destas. Sendo a linguagem uma expressão de ideias, seu nível de abstração talvez reflita diretamente as nossas próprias ideias, critica o autor. Mas quais ideias podemos ter?

A grande intenção de *Tratado* tem, segundo o próprio autor, caráter teológico e religioso. Nas primeiras linhas do prefácio, lemos o seguinte:

> O que aqui torno público me pareceu, depois de uma longa e minuciosa investigação, evidentemente verdadeiro e não inútil de ser conhecido, em especial por aqueles que estão contaminados pelo ceticismo ou exigem uma demonstração da existência e da imaterialidade de Deus ou da imortalidade natural da alma. (Berkeley, 2008, p. 31)

Perceba que, na passagem citada, o autor revela que sua investigação terá como consequência o estabelecimento de conclusões de cunho teológico e metafísico. No entanto, essas conclusões baseiam-se em investigações epistemológicas, ao mesmo tempo em que o ceticismo é mostrado como um inimigo que deve ser combatido. Fazendo uma clara alusão à postura cética, Berkeley segue afirmando que, na verdade, a filosofia não é capaz de criar em nós a tão almejada tranquilidade da alma, resultado que é obtido apenas por aqueles que não refletem. Ao contrário, a reflexão e a aplicação adequada do espírito na investigação filosófica mostrarão frequentes erros e falhas, tornando problemático o que antes parecia evidente.

Estamos diante do primeiro passo do autor: a necessidade de provar e sustentar a existência de Deus faz com que a investigação filosófica seja colocada em prática. Isso nos afasta de uma condição de calmaria e agita o espírito em busca da verdade. Ora, o que confrontamos nessa investigação é, em primeiro lugar, uma série de erros e preconceitos relacionados ao papel dos sentidos e "mil escrúpulos surgem em nossa mente a respeito do que antes acreditávamos compreender perfeitamente. Preconceitos e erros dos sentidos de todas as partes são revelados" (Berkeley, 2008, p. 33).

Os erros dos sentidos e seu caráter falho, algo comum entre os autores que você viu até aqui, levam Berkeley a investigar se a forma como acreditamos conhecer o mundo é, de fato, a correta. De maneira semelhante a Descartes, o autor de *Tratado* diz que é mais sensato considerar os erros como **mau uso de nossas faculdades**, em vez de atribuí-los a uma natureza desordenada. Aplicar nossas capacidades investigatórias de forma desordenada conduz a conclusões erradas e a falsas crenças. A receita para a certeza já é sabida: deduções corretas e, principalmente, **princípios verdadeiros**. Daí a necessidade de se compor um *Tratado sobre os princípios do conhecimento humano*. Para que nosso conhecimento construa-se da forma correta, é necessário, primeiramente, termos consolidado os princípios pelos quais esse processo se seguirá. Nas palavras do próprio autor:

> Meu propósito é, portanto, tentar descobrir os princípios que introduziram todas essas dúvidas e incertezas, esses absurdos e contradições nas diversas seitas filosóficas, a tal ponto que os homens mais sábios chegaram a pensar que a nossa ignorância é incurável, imaginando que ela surge da fraqueza e da limitação natural de nossas faculdades. (Berkeley, 2008, p. 35)

Cumprida essa tarefa, poderemos estabelecer uma série de certezas e fugir do ceticismo. Nosso objetivo, portanto, é seguir Berkeley na tentativa de encontrar o erro que desencaminha os filósofos e favorece o ceticismo. Qual é o princípio errôneo que dirige as investigações filosóficas em geral? É fundamental perceber que, se o princípio ou o pressuposto de uma teoria é errôneo, toda a cadeia de raciocínios que dele se segue será também equivocada. Daí a necessidade de investigá-los e corrigi-los.

Retomemos, então, a pergunta: Qual é o princípio filosófico contra o qual Berkeley dirige sua atenção? Você deve desconfiar, com razão, que ele gira em torno de **questões epistemológicas**, sobretudo a forma como apreendemos o mundo. Você já tem uma pista: os sentidos são colocados em dúvida e apresentados como falhos. Somente essa informação, entretanto, não basta para obtermos uma resposta.

Ao se voltar primeiramente à **linguagem**, Berkeley faz um recuo com o intuito de "preparar a mente do leitor para conceber mais facilmente o que se segue" (Berkeley, 2008, p. 36). Essa análise não é como as de um filólogo ou de um gramático. É pura e amplamente filosófica. Note que a linguagem é a expressão das ideias. Por isso, e até certo ponto, é um reflexo delas. Que a palavra árvore representa a ideia de árvore, que é um objeto específico, com um conjunto específico de qualidades, é algo claro. No entanto – e é aí que Berkeley se detém –, o que dizer de expressões da linguagem como *homem em geral*, *ser*, *cor* (entendida aqui também como *cor em geral*)? Em outras palavras, será que a linguagem é capaz de expressar e a mente é capaz de criar **ideias abstratas**?

Dois pontos importantes emergem dessa pergunta. O primeiro deles é o que expressa claramente a relação entre ideias e linguagem. É muito provável que se a linguagem expressa uma ideia abstrata, a mente deve concebê-la. Também é relevante apurar se toda ideia abstrata se pretende como uma ideia geral, sem qualquer atributo específico. Por exemplo, ao falar *homem em geral* ou *cor em geral*, estamos pretendendo expressar um conceito de homem e cor que não se remetem a um homem ou a uma cor específicos, mas a todo e qualquer homem e toda e qualquer cor. Sobre a ideia geral de *extensão*, o autor diz que

> Quando a mente observa que nas extensões particulares percebidas pelos sentidos há algo comum e semelhante em todas elas, e alguns outros aspectos peculiares a cada uma, como esta ou aquela figura ou grandeza, e que as distingue umas das outras, ela considera separadamente e seleciona sozinha o que é comum, formando, a partir disso, uma **ideia mais abstrata de extensão, a qual não é nem linha, nem superfície, nem sólida, nem tem nenhuma figura ou grandeza, mas uma ideia inteiramente prescindida de todas essas.** (Berkeley, 2008, p. 37, grifo nosso)

Portanto, a ideia abstrata será uma ideia **generalizante**, que deve ser aplicada a qualquer coisa. Para se enquadrar na categoria a qual ela se refere, tal ideia prescinde de elementos específicos. Falar em *homem em geral*, *cor em geral* ou *extensão* seria, desse modo, uma concepção possível ou um abuso da linguagem? O problema central de Berkeley é, então, a **forma** pela qual se constituem nossas ideias e qual sua origem. Para resolver a questão, Berkeley começará pela discussão sobre a possibilidade das ideias abstratas.

3.2
Ideias sensíveis: empirismo e idealismo

Quando Berkeley se pergunta sobre a possibilidade da concepção de ideias abstratas, ele refere-se a ideias gerais, fruto de um processo de decomposição realizado pelo nosso pensamento. Imagine um objeto qualquer. Perceba que esse objeto imaginado apresenta um conjunto de qualidades. Vamos considerar como exemplo a ideia de uma maçã. Ao imaginar uma maçã, você concebe uma coisa com uma forma específica, com determinado cheiro, cor, sabor etc. As qualidades mostram-se todas juntas na própria coisa, e a mente deve separar essas qualidades e isolá-las para, depois, criar uma generalização, que será essa ideia abstrata da maçã.

Quando temos, então, uma ideia abstrata de maçã, o que Berkeley pretende é que tal ideia seja geral e aplicada a toda e qualquer maçã sem que, no entanto, tenha alguma especificidade ou alguma relação com uma maçã em especial. Em outras palavras, a ideia abstrata é a ideia referente ao conceito da coisa.

Pense a respeito

Para citar outro exemplo, considere a ideia de *extensão*. Berkeley questiona-se sobre a possibilidade de conceber tal ideia de forma totalmente abstrata, sem nada de específico. Para ilustrar essa questão, vamos recorrer novamente à sua teoria[2]. Faça o seguinte: imagine a extensão de forma geral. Você consegue pensar nisso de forma abstrata, ou seja, consegue pensar em uma extensão que não se apresente acompanhada de determinada cor, por exemplo? Ou, no caso da maçã, seu pensamento é capaz de conceber o conceito de *maçã*, uma ideia geral dessa fruta, sem que ela seja representada como uma fruta específica, com uma tonalidade de cor específica, um gosto específico etc.? Esse movimento de generalização é possível?

Berkeley diz que, na verdade, tal movimento é apenas **mistura, combinação ou separação de ideias particulares**. A ideia de *maçã* ou de *extensão* em geral, por exemplo, deverá necessariamente ter uma cor,

---

[2] Essa é uma estratégia de argumentação muito interessante utilizada por Berkeley. As provas que ele tenta dar para comprovar seus argumentos não são provas lógicas ou argumentativas, mas são, por assim dizer, provas sensíveis. Os elementos utilizados em sua argumentação são extraídos do próprio pensamento e da própria experiência de cada leitor. Ele solicita, com frequência, que o leitor tente encontrar tais ideias abstratas em meio a seus pensamentos e sensações. Nesse sentido, podemos dizer que a metodologia de Berkeley também apresenta algo de empírico.

um tamanho, uma forma etc. A mente não parece ser capaz de fazer essa abstração completa, imaginando sempre coisas particulares. A noção de ideias abstratas é, portanto, um **abuso da linguagem**.

> Se outros têm essa maravilhosa faculdade de abstrair suas ideias, é algo que poderão dizer melhor do que ninguém. Quanto a mim, posso dizer, certamente, que tenho a faculdade de imaginar ou de representar para mim as ideias daquelas coisas particulares que percebi e de combiná-las e dividi-las das mais variadas maneiras. Posso imaginar um homem de duas cabeças [...]. Posso considerar a mão, o olho e o nariz, cada qual isoladamente, abstraídos ou separados do resto do corpo. Mas, nesse caso, seja qual for a mão ou o olho que eu imagine, eles deverão ter alguma forma e cor particulares. [...] Não consigo, por nenhum esforço do pensamento, conceber a ideia abstrata que acabo de descrever. (Berkeley, 2008, p. 39)

Ora, perceba, nesse trecho, que alguma abstração é possível. A mente consegue, segundo o autor, separar partes de uma ideia complexa, como a de um *homem*. Podemos imaginar um homem com duas cabeças ou apenas um nariz, ou seja, compor ou dividir uma ideia complexa. No entanto – e aí está o limite da abstração –, toda decomposição que fazemos deverá vir acompanhada de elementos específicos. O nariz que concebemos a partir da decomposição de uma ideia terá uma cor e uma forma específicas. A abstração total, portanto, a ideia geral de *nariz*, é inconcebível.

Esse experimento mental proposto por Berkeley revela algumas coisas interessantes. Em primeiro lugar, que as **ideias parecem se relacionar, de fato, com as coisas**. Uma ideia de movimento sempre será movimento de ALGO. Essa conclusão conduz a um segundo ponto de interesse proporcionado pelo experimento mental: existe uma **relação entre as ideias e as sensações**. A linguagem, como reflexo das ideias, sempre vai referir-se a elementos particulares sentidos pelo indivíduo. Quando dizemos *homem em geral*, não estamos falando, de fato, da ideia abstrata de *homem*, pois tal ideia é inconcebível, mas apenas de particulares e nos referindo a determinadas características que todos os homens têm. Isso quer dizer que as famigeradas ideias abstratas são, na verdade, **ideias sensíveis que podem ser generalizadas.**

Essa exigência do pensamento nos leva a concluir que existe uma **conexão** entre o que é pensado e o que é percebido pelos sentidos. Tal afirmação nada mais é do que um princípio do empirismo. Mas você já sabe que o empirismo de Berkeley difere dos tradicionais, não é mesmo? Porque se trata de um empirismo idealista. Contudo, ainda não podemos inferir a parte idealista desse empirismo. Sabemos apenas que as ideias precisam de uma sensação correspondente, não podendo ser absolutamente abstratas.

Tal conclusão nos leva a reconhecer um dos falsos princípios buscados por Berkeley (2008, p. 49), que é considerado errôneo e fonte de extravios nas mais diversas correntes filosóficas: a noção de ideias abstratas: "Dentre todos eles (os falsos princípios) penso que talvez não exista nenhum que tenha exercido maior influência sobre o pensamento dos homens especulativos do que o das ideias gerais abstratas".

A breve análise realizada por Berkeley sobre as ideias gerais garantiu alguns pontos de interesse para nossa análise. Ela se desenvolve como preambular à discussão central de *Tratado*, pois mostra um primeiro falso princípio de algumas correntes de pensamento: a possibilidade de conceber tais ideias. Ao rejeitarmos a proposição, eliminamos vários tipos de discussões infrutíferas no campo da metafísica, como os longos debates terminológicos dos filósofos medievais a respeito de conceitos extremamente abstratos, que, muito provavelmente, não encontram referente real algum, ou seja, não se dirigem a nada.

Além disso, a análise e a rejeição das ideias abstratas também nos garantem um pressuposto empirista: tudo o que há no entendimento ou são ideias impressas nos sentidos, ou são percepções das operações da mente, ou são ideias da imaginação que surgem a partir da combinação, da composição ou da divisão operadas pela mente.

Todos esses processos da mente têm algo em comum: a **percepção**. Segundo Berkeley, a percepção é um elemento essencial para a formação e a operação das ideias no intelecto. Se lembrarmos que o autor tem algo de empirista, isso não parecerá novidade. No entanto, ao tratar da percepção, o filósofo insere uma peça-chave em sua teoria, que a torna única e nos possibilita falar de um empirismo idealista: para Berkeley, o *ser* das coisas está diretamente ligado ao seu **ser percebido**.

A vinculação entre *ser* e *ser percebido* desencadeia uma série de consequências e conclusões que conduzem o autor à conclusão de que o mundo material, na verdade, não apresenta possibilidades de ser provado, ou seja, tudo o que há são **ideias sensíveis**. A teoria de Berkeley mostra-se, afinal, como uma teoria **imaterialista**. Se você lembrar que, como dissemos anteriormente, o intuito principal do autor é combater o ateísmo, uma postura imaterialista é extremamente conveniente, pois como seria possível manter posições materialistas ateias se a matéria não existe? Seguiremos, na próxima seção, os passos que levaram Berkeley a eliminar o mundo material.

3.3
A matéria existe? Novas hipóteses sobre o mundo exterior e a formação das ideias

Já estabelecemos algumas conclusões que se iniciaram com a análise da possibilidade das ideias abstratas, ou seja, ideias totalmente gerais. Você viu que, na verdade, as ideias abstratas dependem de um movimento de generalização, composição ou divisão operado pela nossa mente. Berkeley diz, entretanto, que nossa capacidade de realizar tais ações é limitada, sendo nossas ideias também limitadas. As ideias absolutamente gerais são, portanto, impossíveis de conceber. Quando falamos delas, o que fazemos, na verdade, é apenas abusar da linguagem.

Em paralelo a essa conclusão, você deve recordar que nossas ideias são, para o autor de *Tratado*, sempre sensíveis. Assim, são ideias que se remetem sempre à nossa sensibilidade. Apontamos, também, a vinculação direta entre *ser* e *ser percebido*. Ora, tendo em mente o pressuposto de que tudo o que há no entendimento são ideias dos sentidos ou percepções internas, não se torna difícil aceitar que deve existir um **sujeito** que percebe. Basta pensar que, se há algo percebido, esse algo é percebido por alguém. Esse sujeito que percebe é distinto das ideias que nele existem e é apresentado a nós por Berkeley (2008, p. 58, grifo nosso) da seguinte forma:

> Mas, além de toda essa interminável variedade de ideias ou objetos do conhecimento, existe também algo que os conhece ou percebe e que executa diversas operações relativamente a eles, como querer, imaginar, ou recordar. Esse ser ativo, perceptivo, é o que chamo de mente, espírito, alma, ou eu. Por meio dessas palavras não denoto nenhuma de minhas ideias, mas algo inteiramente diferente delas, no qual elas existem, ou, o que é a mesma coisa, por meio do qual elas são percebidas, pois **a existência de ideia consiste em ser percebida**.

Então, existe o sujeito que percebe e a coisa que é percebida. O sujeito é ativo e é equiparado à mente, ao espírito. Concluímos, portanto, que o sujeito não é – ou ao menos não precisa ser – material. A simples espiritualidade basta para caracterizar o "eu", a mente. *Espírito, mente, eu* e *alma* são termos **equivalentes** na filosofia de Berkeley.

Desse modo, a alma é também distinta daquilo que é percebido. Ela não é uma ideia, mas uma condição necessária para que aconteça a ideia. Perceba que é na alma que as ideias existem. Isso nos leva a mais duas consequências: a alma é **substância**, ou seja, é um *substractum*, aquilo que está sob e no qual residem as ideias; e as ideias **dependem da alma**, daí a possibilidade de afirmarmos que o "ser" da ideia, sua existência, consiste em ser percebido.

Essa última afirmação é, talvez, o ponto central de toda a teoria de Berkeley. É a partir dela que o autor desenvolve sua doutrina da **imaterialidade do mundo**. Isso quer dizer que, no fim das contas, o filósofo nos mostra que não existem critérios suficientes para que possamos afirmar, com certeza, que o mundo material existe, nem que é dele que dependem nossas ideias. Ao contrário, uma vez que ser é ser percebido, a existência das ideias depende apenas da percepção, e a percepção é um ato puramente espiritual. Vejamos esse assunto com calma.

Berkeley iniciou um processo no qual correlacionou as condições da existência com as da percepção. Portanto, para garantir a existência de algo, é necessário que esse algo seja percebido de algum modo. Todos os pensamentos, ideias e sensações sempre serão formados na **mente**, e isso pode ser provado de forma intuitiva pelo mesmo procedimento utilizado anteriormente, quando discutimos a possibilidade das ideias abstratas: por meio do recurso à experiência do leitor.

Pense a respeito

> Convido você, então, a pensar em algo sensível que exista de fato, qualquer coisa que seja. A afirmação da real existência dessa coisa depende de sua possibilidade de percebê-la. Note que essa possibilidade não precisa ser, necessariamente, atual, ou seja, afirmar que algo só existe porque é percebido não quer dizer que a coisa deixa de existir quando não a percebo. Ao pensar em uma mesa, por exemplo, Berkeley afirma que sua existência é garantida, pois sou capaz de senti-la e percebê-la de algum modo, e "se estivesse fora de minha sala de estudos, diria que ela existe, querendo dizer com isso que se eu estivesse em minha sala de estudos poderia percebê-la, ou que algum outro espírito realmente a percebe" (Berkeley, 2008, p. 59).

O que está em jogo aqui são os critérios pelos quais afirmamos a realidade de algo. Esses parâmetros dependem sempre de **alguma forma de percepção**, qualquer que seja. Ora, esse método impõe uma relação de **dependência** entre as coisas que são percebidas e as mentes que percebem, dependência esta que, por sua vez, nos permite afirmar, com Berkeley, que **não há existência fora da mente**.

Talvez esse tipo de discussão soe abstrato demais aos leitores pouco habituados a assuntos filosóficos, mas é o tom que tal discussão exige. Entretanto, na tentativa de esclarecer e tornar mais acessíveis tais questões, pense no seguinte exemplo: eu afirmo que este livro, no qual leio estas palavras, existe de fato (afirmação A). Se eu quiser garantir a verdade dessa afirmação, ou seja, se quiser ter certeza da existência do livro, devo ter um critério que a corrobore. Qual seria esse critério? Você não precisa recorrer a argumentos intrincados, filosóficos ou metafísicos. Tente respondê-la de forma simples e direta. Como você sabe que este livro existe? Ora, eu responderia que é porque estou vendo o livro, tocando-o, sentindo-o.

Existe, então, uma relação entre a garantia da realidade do livro e a possibilidade de percebê-lo. É justamente nessa relação que está o "X da questão", que nos permite afirmar que *ser é ser percebido*. As garantias da realidade do livro – o "ser" do livro, portanto – dependem de seu "ser percebido". Nesse sentido, o "ser" do livro só existe em uma mente que percebe, pois quem percebe é sempre uma mente, um espírito, um "eu". Podemos, então, afirmar, com segurança, que não há existência fora da mente, visto que o critério que nos garante a existência de algo é um critério mental, espiritual: a percepção.

Importante!

> O que são, então, os objetos que não são nem podem ser percebidos? Qual o estatuto de sua existência? Para Berkeley (2008, p. 59) isso é "completamente ininteligível". Veja, a existência das coisas depende da percepção, mas essa percepção **não precisa ser necessariamente sua** – pode ser de uma mente qualquer. Essa afirmação nos afasta da possibilidade de cairmos em um solipsismo, como aconteceu com Descartes. Em última instância, para Berkeley, as coisas devem ao menos existir na mente de um ser eterno – Deus –, mas nunca independentemente de algum espírito que percebe. Esse recurso à mente divina é importante, pois ele nos garante a existência de tudo o que não é percebido atualmente por nós.

Ainda não está convencido de que o pensamento e a percepção são o critério e a condição da existência das coisas? Ora, "para se convencer disso, o leitor precisa apenas refletir e tentar separar em seus pensamentos o 'ser' de uma coisa sensível de seu 'ser percebido'" (Berkeley,

2008, p. 61). Mais uma vez, a prova é a própria experiência subjetiva do leitor. Tente separar em sua mente a existência de algo sensível de sua percepção. Perceba que, aqui, a própria linguagem revela que isso não é possível. Um ser sensível que não é percebido? Parece contraditório, de fato. Além disso, essa noção de um "ser" isolado de seu "ser percebido", de suas características sensíveis, nada mais seria do que uma ideia abstrata geral, que já vimos ser impossível de ser concebida.

Tendo em vista que o "ser percebido" é a única garantia da existência de algo, Berkeley chega a uma conclusão radical: só existe uma única substância, a espiritual. O que isso quer dizer? Que só existe espírito e pensamento – ou seja, a matéria não existe! Você deve se lembrar de que, quando falamos em *substância*, queremos nos referir a algo que está "sob", um *substractum* no qual residem as qualidades das coisas. Ora, se considerarmos a substância material, tal qual faz Descartes, isso exige que a própria matéria seja uma substância, que ela possua as qualidades de coisas materiais. As qualidades da matéria, portanto, residiriam na substância extensa ou material. Mas isso é compatível com o pensamento de Berkeley?

Considere um objeto que possua certas qualidades sensíveis –, ditas materiais –, como cor, extensão, peso etc. Parece absurdo que algo sensível, como essas qualidades, exista em alguma coisa que não sente, pois, para ser sensível, é preciso ser percebido. Ora, essas qualidades devem existir somente na substância que percebe, e não em outro tipo dela. Portanto, podemos concluir que só há uma substância capaz de ser substrato de todas as qualidades: o espírito.

Apenas este, então, é capaz de ser o *substractum* das qualidades sensíveis – não a matéria, visto que ela não sente. Só uma substância que percebe e sente pode ser a base dessas qualidades. Note que a própria linguagem, mais uma vez, parece nos trair quando afirmamos que uma pretensa substância material, extensa, inerte e que não é perceptiva é a base na qual repousa qualidades sensíveis, ou seja, qualidades que precisam ser sentidas para ter sua existência garantida. Temos, aí, um nó, não é mesmo? Como tornar clara a afirmação de que algo que não sente possui qualidades que dependem do sentir? Esse é o impasse que leva Berkeley a afirmar que a substância material não existe.

3.4
Soluções para o problema: as conclusões de Berkeley

Como é de se esperar, uma doutrina como esta não passaria ilesa sem levantar inúmeras objeções. Como conceber um mundo sem matéria? Para onde vão todas as coisas existentes nesse novo formato de conceber a realidade? Elas se aniquilam? Como meu corpo relaciona-se com um mundo que, em alguma medida, não tem mais chão, paredes etc.? Além de dúvidas como essas, mais diretas, poderíamos questionar também a origem das ideias. Nesse sentido, da forma como foi apresentada até aqui, a teoria de Berkeley ainda mostra-se incompleta se ponderarmos os problemas da epistemologia e, sobretudo, a questão central deste livro. A teoria do autor apontou, até então, apenas um viés negativo da questão.

Sabemos que a matéria não pode ser mais a fonte de nossas ideias. Em razão disso, não podemos dizer que a teoria que estamos analisando é uma teoria totalmente empirista. No entanto, as ideias sensíveis, que garantem a existência das coisas, ainda são sensíveis, ou seja, ainda apresentam algo de empirismo. Dessa mistura é que nasce o conceito de *empirismo idealista*. As ideias são, de fato, sensíveis, sentidas e percebidas pelos nossos sentidos, mas essa operação é apenas espiritual, ideal. Tanto os sentidos em si mesmos quanto tais qualidades são ideais, e não materiais.

Muitas das objeções possíveis à teoria do autor são previstas por ele e apresentadas e comentadas ao longo de *Tratado*, tentando dar conta de alguns dos pontos que ora levantamos. Nesse sentido, em primeiro lugar, é possível afirmar que as ideias devem assemelhar-se a algo, ou seja, deve haver algo fora de nós que seja a fonte dessas ideias. O empirista tradicional diria que existem coisas materiais no mundo que impressionam nossos órgãos dos sentidos, criando nossas ideias. Contudo, é claro que Berkeley não concorda com isso. Para o filósofo, **uma ideia só pode assemelhar-se a outra ideia**. Não pode haver semelhança entre uma ideia e algo material, por exemplo. A única relação possível é entre ideias sensíveis. Tal afirmação já derruba a hipótese empirista dos corpos materiais como causa das impressões em nossos sentidos. Mas qual o fundamento da resposta de Berkeley?

Partindo do pressuposto de que há algo fora de nós que causa as ideias sensíveis (postura dos empiristas), o autor pergunta: Esse algo externo é percebido? É sensível? Se a resposta for negativa, esse algo não pode ser a causa das ideias. Como afirmar que uma cor ou uma sensação qualquer pode assemelhar-se a algo que é imperceptível? Agora, se a resposta for afirmativa, se algo exterior é sensível e podemos percebê-lo, então, esse algo também é uma ideia sensível. Perceba que Berkeley cria aqui um beco sem saída. Se sinto, é uma ideia sensível e, portanto, todas as conclusões que já estabelecemos se seguem. Se não sinto, nenhuma relação é estabelecida com minhas ideias. Conclui-se, assim, que esse tipo de relação só se estabelece entre ideias.

Um segundo contra-argumento diz respeito a uma clássica divisão entre **qualidades primárias e qualidades secundárias** das coisas. As qualidades primárias seriam aquelas que são inerentes e essenciais às coisas percebidas. Por exemplo, de acordo com essa divisão, posso afirmar que a forma, o número, a impenetrabilidade etc. são qualidades primárias das coisas materiais, qualidades sem as quais um objeto material não poderia ser caracterizado como tal. Quanto às qualidades secundárias, poderíamos listar tudo o que for acidental, ou seja, tudo que pode qualificar o objeto sem que isso altere em nada a sua essência. Por exemplo: cor, sabor, cheiro e temperatura são qualidades secundárias. Elas podem variar sem que isso altere de forma essencial a coisa material em questão.

Essa divisão considera que as qualidades primárias são qualidades que se referem essencialmente à substância material. Ora, Berkeley contraria esse argumento com a mesma estratégia de antes: as qualidades primárias também são percebidas? Se são, então são ideias sensíveis e, portanto, só podem existir em uma mente ou em um espírito que percebe (em uma substância espiritual), e não em coisas inertes e inanimadas. Logo, podemos concluir que a matéria não pode ser a base dessas qualidades.

Mais uma vez, voltamos ao beco sem saída da teoria: a vinculação necessária entre *ser* e *ser percebido*. Se algo é percebido, é uma ideia e pertence ao espírito; está em algo que sente, e não em algo material incapaz de sentir. Além disso, ao aceitar a divisão entre qualidades primárias e secundárias, recairíamos na ilusão das ideias abstratas. Parece ser impossível abstrair a tal ponto que as qualidades primárias ocorram em nossa mente sem as secundárias. Elas estão vinculadas.

> Não obstante, desejaria que todos refletissem e tentassem ver se podem, por uma abstração mental, conceber a extensão e o movimento de um corpo sem todas as outras qualidades sensíveis. De minha parte, vejo com clareza que não está em meu poder formar uma ideia de um corpo extenso e em movimento a não ser que lhe atribua alguma cor ou outra qualidade sensível que, admite-se, existe só na mente. (Berkeley, 2008, p. 64)

Não faz sentido, portanto, reconhecer a divisão entre qualidades primárias e secundárias, pois elas sempre aparecem juntas. Por mais que tal divisão fosse possível, ainda assim, cada parte da divisão se remeteria a ideias sensíveis.

Outras qualidades da matéria, como rapidez e grandeza, também são ponderadas pelo autor e apresentadas como independentes de algo material, mas sempre relativas ao sujeito que percebe e ao seu ato de perceber. Por isso, não podem existir fora da mente. No fim das contas, o que está em questão nesses contra-argumentos apresentados por Berkeley é uma concepção específica de matéria como substância. Os comentários do filósofo são sempre no sentido de mostrar que tal definição exige elementos que, em si mesmos, sempre dependem do sujeito que percebe, e não da coisa que se apresenta como pretensamente material.

Matéria sem extensão, solidez, peso, cor, grandeza etc. não pode existir. Ora, não ficou demonstrado que tais qualidades não existem fora da mente e, logo, o que existe são apenas ideias dessas coisas? Estamos diante de limites para a existência da matéria, limites estes que, na teoria exposta em *Tratado sobre os princípios do conhecimento humano*, revelam-se insuperáveis.

Outra qualidade que sempre se acreditou pertencer à coisa, e não ao sujeito, também é relativizada de forma interessante: a temperatura. Você já considerou que a noção de calor ou frio pode não estar nos objetos, mas apenas em sua mente? Se isso proceder, será mais um indício de que o que garante a existência do mundo material pode ser falho. Considere que a noção de *quente* ou *frio* mostra-se sempre de forma relativa. O que parece frio a uma mão quente pode parecer quente a uma mão fria. Será que a temperatura é, então, absoluta? Pertence, de fato, ao objeto ou é uma ideia na mente de quem percebe? E o sabor das coisas? Um alimento doce pode parecer amargo a alguém acometido por determinada doença, por exemplo.

Parece infinita a lista de elementos apresentados por Berkeley na tentativa de garantir que não há critérios para afirmar, com certeza, a existência e a estabilidade do mundo material. No fim das contas, tudo acaba mostrando-se como sensível, ideal e referente ao sujeito. Nesse sentido, é importante destacar que Berkeley não está, de forma alguma, afirmando que essas características não existem, ou que são ilusões. Ao contrário, elas existem com toda a certeza e são, de fato, sentidas, mas revelam-se com um estatuto distinto do que comumente se esperava delas. Não são materiais, mas espirituais.

Mais uma vez, isso não quer dizer que as ideias e as sensações são ilusões! Elas são muito reais, mas não garantem que tenham origem em algo material fora de nós. Como garantir uma coisa dessas? Como saberíamos que as coisas materiais existem, caso elas existissem? Seria ou pelos sentidos, ou pela razão. Pela via dos sentidos, temos de lidar com os argumentos de Berkeley; já a razão deduziria apenas a partir de dados fornecidos pelos sentidos, visto que não há outra fonte de dados para o intelecto – ou seja, chegamos ao mesmo ponto.

Preste Atenção!

O autor coloca em questão uma noção que exige a existência de corpos materiais. Note que, aqui, as hipóteses variam de uma postura empirista, que afirma que existem corpos que lançam impressões sobre nossos sentidos, até hipóteses idealistas. O principal ponto de ataque de Berkeley é a existência dos **corpos**, não das sensações, que se afirmam com total segurança. Qualquer outro recurso ou afirmação que tente dar conta da realidade das coisas materiais parece exigir sempre ideias sensíveis como elementos de prova. Ora, elas são a única coisa garantida, pois são o único caminho e a única via à qual temos acesso.

Outro ponto importante que devemos ter em mente ao estudar a teoria de Berkeley é que esse tipo de argumentação não deve ser considerado como demonstrativo. Ele não opera com demonstrações, apenas utiliza-se de uma espécie de verossimilhança e aceita como correta aquela posição que se sustenta com menos dificuldades – e não de forma absoluta, como é o caso de uma demonstração matemática, por exemplo.

Estabelecido que tudo o que existe são ideias sensíveis, Berkeley nos faz notar que, na verdade, essas ideias são **inativas**. Por isso não podem ser causa de nada, nem mesmo de outras ideias.

> Todas as ideias, sensações ou as coisas que percebemos, sejam quais forem os nomes pelos quais elas podem ser distinguidas, são visivelmente inativas: não encerram em si nenhum poder ou ação. De tal sorte que uma ideia – ou um objeto do pensamento – não pode produzir ou realizar nenhuma alteração em outra ideia. (Berkeley, 2008, p. 73)

As palavras do filósofo nos garantem que **não pode haver relação causal entre as ideias**, ou seja, uma ideia não causa outra nem mesmo pode agir sobre ela. Tal afirmação, da forma que está apresentada, faz surgir um grande problema: se você considerar que o mundo material não existe, apenas ideias, para onde vão todas as leis da física, das ciências e da natureza em geral? Perceba que a análise da natureza nos leva a perceber certas regras e relações que, aparentemente, são de causa e efeito – por exemplo, a lei da ação e reação, a lei da gravidade e tantas outras com as quais trabalha a ciência. Todas essas leis parecem amparar-se em qualidades dos corpos e da matéria. Mas Berkeley eliminou a matéria! Toda a ciência e todas as leis naturais, então, desapareceriam junto? Para dificultar ainda mais, lembre-se de que a fonte de ideias para o autor de *Tratado* são os sentidos, ou seja, há algo de empirismo em sua teoria.

A conclusão mais próxima que podemos extrair disso é que as ideias devem ser **causadas por algo**. Visto que não são inatas, não podem ser causa de si mesmas e nem interagir umas com as outras. Além disso, não há nada exterior, diferentemente das ideias, capaz de causá-las. De onde elas vêm, então?

Por eliminação, o filósofo conclui que a causa das ideias só pode ser um espírito, já que não podemos afirmar nenhum tipo de materialidade. Esse espírito deve ser ativo, pois deve criar as ideias e ser diferente delas. É fato que percebemos uma sucessão de ideias, que aparentam ser contínuas, sequenciais. Temos a sensação de que existe uma causalidade nessa sucessão. Como a causa das ideias não pode ser nem ideia, nem matéria, ela deve ser um espírito, que será definido como "um ser simples, não dividido e ativo. Quando percebe ideias chama-se *entendimento*; quando produz ou de algum modo atua sobre as ideias, denomina-se *vontade*" (Berkeley, 2008, p. 74, grifo do original).

É fácil notar que nosso espírito cria certas ideias quanto opera como vontade. Basta querer pensar em um cavalo ou em uma paisagem que tais ideias surgem na mente. No entanto, existem ideias que surgem em nossa mente a despeito de nossa própria vontade. As ideias sensíveis de coisas que são experimentadas pela primeira vez, por exemplo, não podem ser criadas nem convocadas por nossa vontade, visto que nunca as sentimos antes. Outro exemplo é o fato de vermos a luz quando abrimos os olhos, ou nos queimarmos quando tocamos o fogo. As ideias sensíveis da claridade e da queimadura surgem de forma independente da vontade. Portanto, seu criador não pode ser nosso próprio espírito.

Além dessa característica, essas ideias independentes de nossa vontade mostram-se a nós de acordo com certas regras. Aqui, temos reabilitadas as leis naturais. Elas se desvelam nas ideias sensíveis que percebemos. Por exemplo: na sensação de queda, de força etc. Apesar de não serem corpóreas, tais características manifestam-se nessas ideias sensíveis que não causamos em nós mesmos, mas que, não obstante, apresentam-se ao nosso espírito. Ainda: essas leis são tão constantes que podemos fazer projeções e mapear elementos futuros, podendo haver, portanto, ciência.

Com esse tipo de argumento, Berkeley pretende manter o caráter empirista de sua teoria, sustentando a experiência como válida ao mesmo tempo em que rejeita a matéria. Não podemos, no entanto, falar de uma causalidade propriamente dita. O que existe é uma regra fixa, uma lei da natureza a partir da qual uma ideia se apresenta após a outra, mas não é sua causa. A lei natural nos dá uma sequência, mas não uma relação de causa e efeito. Na verdade, a causa real dessas ideias que se apresentam a nós independentemente de nossa vontade é também um espírito, que opera sempre seguindo essas leis da natureza – ou seja, **Deus**.

Ainda tendo em mente as noções ora apresentadas, Berkeley diz que a sensação de causalidade é uma ilusão que nos desencaminha e nos **afasta de Deus**. Ao nos depararmos com a regularidade da natureza, em vez de pensarmos que se trata de Deus operando segundo suas leis, pensamos, ao contrário, que as coisas se relacionam e operam de forma independente da ação divina. Mas, na verdade, o próprio real é um conjunto de ideias impressas em nossa mente e suscitadas em nossa imaginação por Ele; ideias regulares, que seguem leis e não operam por meio de relações causais.

Construímos, desse modo, uma noção de realidade distinta do que a intuição nos mostra. Provavelmente, esse é um dos principais motivos pelos quais podemos afirmar que a teoria de Berkeley é muito diferente da tradição filosófica. Ela contrasta com uma concepção que parece ser, à primeira vista, a mais correta: a **realidade do mundo material**. Berkeley apontará isso como um falso princípio que dirige a filosofia. Como adiantamos no início deste capítulo, a obra *Tratado* apresenta-se como uma tentativa do autor de combater os falsos princípios que desviaram o pensamento de muitos filósofos. No fim das contas, algo aparentemente tão certo como a existência das coisas materiais (e por que não usar o termo *mundo exterior*?) mostra-se como uma visão falsa e inocente da realidade.

Apesar de excêntrica, não podemos pensar que a teoria de Berkeley modificou de forma radical a forma de viver e de encarar a realidade. O que muda, afinal, quando você se relaciona com a matéria ou com uma ideia sensível? Na prática, nada muda para a vida cotidiana, e Berkeley sabia disso. Ao antecipar algumas respostas sobre possíveis ataques à sua doutrina, o filósofo se dirige justamente àqueles que o acusam de transformar toda a realidade em quimeras:

> O que acontece, então, com o Sol, a Lua e as estrelas? O que devemos pensar das casas, dos rios, das montanhas, árvores, pedras e, mais ainda, de nossos corpos? São todos quimeras e ilusões da imaginação? A tudo isso, e a todas as outras objeções do mesmo tipo, respondo que pelos princípios anteriormente estabelecidos não somos privados de coisa alguma da natureza. Tudo o que vemos, sentimos, ouvimos, ou de algum modo concebemos ou entendemos **continua tão certo como sempre e é tão real como sempre**. (Berkeley, 2008, p. 79, grifo nosso)

Os princípios estabelecidos por Berkeley não privam o sujeito de nada. Tudo é exatamente igual – afinal, as ideias são sentidas de fato. Toda a realidade, enfim, mantém-se intacta. Essa doutrina indica apenas que as coisas existem de fato, mas têm um estatuto diferente daquele que se pensava.

Na vida prática, portanto, nada muda. Por outro lado, o que se ganha com essa teoria é a possibilidade de acabar com materialismos ateus – afinal, como se sustentaria uma doutrina materialista que afirma a primazia da matéria e sua independência em relação a uma divindade, uma vez que a matéria não pode ser garantida e, por isso, não pode ter sua existência afirmada? Mais do que ter como resultado uma mera sutileza terminológica e chamar de *ideia* o que antes era nomeado de *matéria*, a teoria de Berkeley garante uma dependência da realidade em relação a Deus.

Na verdade, *ideia* expressa qualidades sensíveis. Elas são sentidas de fato, assim como o toque do livro e o nutrir do pão. Em realidade, não há ruptura alguma aqui. Ao perceber um objeto qualquer e senti-lo, estamos diante de várias ideias sensíveis apresentadas em conjunto. Isso não muda nada, pois, mais uma vez, permanecemos agindo e interagindo com o que sentimos e percebemos. A única diferença é que o produtor de tal sensação não é uma substância material na qual residem qualidades sensíveis, mas sim uma ideia que só existe em um espírito que a percebe, e "isso não afeta a verdade da proposição, que em outras palavras não diz outra coisa senão que nos alimentamos e nos vestimos com o que percebemos imediatamente por meio de nossos sentidos" (Berkeley, 2008, p. 81).

Síntese

Neste capítulo, analisamos a reflexão de Berkeley sobre a possibilidade ou não da existência do mundo material. Seguimos os passos do autor na tentativa de construir uma noção de *ideias sensíveis* que, posteriormente, nos permite aludir a um empirismo idealista. Apresentamos também os limites de abstração do pensamento humano, que sempre se mostram limitados às nossas experiências sensíveis. Para a construção da hipótese do autor, vimos que a vinculação entre "ser" e "ser percebido" é algo essencial. A partir disso, Berkeley consegue associar nossa sensibilidade – que é uma faculdade do pensamento, e não da matéria – à condição de existência das coisas. Por fim, evidenciamos que, seguindo essa via de investigação, nada nos garante uma realidade material, substancialmente corpórea e que seja a fonte de nossas ideias. Tudo o que há de seguro obtido por meio de uma investigação de caráter empírico são nossas ideias sensíveis, que, afinal, relacionam-se aos sentidos, mas são apenas ideias.

Indicações culturais

MATRIX. Direção: Lana Wachowski, Lilly Wachowski. EUA: Warner Bros. Pictures, 1999. 135 min.

MATRIX Reloaded. Direção: Lana Wachowski, Lilly Wachowski. EUA: Warner Bros. Pictures, 2003. 138 min.

MATRIX Revolutions. Direção: Lana Wachowski, Lilly Wachowski. EUA: Warner Bros. Pictures, 2003. 129 min.

Recomendamos, aqui, a trilogia *Matrix*. Apesar da grande popularidade e adequação ao tema, o que torna óbvia sua indicação, sugerimos a você que assista (ou, provavelmente, reassista) aos filmes sob a perspectiva do que foi apresentado neste capítulo. Considere que a Matrix – o universo da obra – fornece aos personagens experiências sensíveis sem, no entanto, implicar a existência de um mundo material.

Atividades de autoavaliação

1. O pensamento de Berkeley apresenta vários elementos bem característicos e importantes para entendermos sua teoria. Um dos principais é a unidade substancial. Berkeley considera que existe apenas uma substância no mundo: o espírito. Sobre a unidade substancial, é correto afirmar:

   a) O mundo espiritual é, na verdade, apenas um reflexo do mundo material, que é percebido por nós através do entendimento.

   b) Berkeley afirma que a substância espiritual é a única existente, pois ela serve de fundamento para a matéria.

   c) A substância espiritual é a única existente e, por isso, todo o pensamento deve remeter-se apenas a elementos reflexivos, e nunca sensíveis.

   d) Apesar de ser a única substância existente, o espírito ainda assim fornece elementos capazes de formar em nós ideias sensíveis das coisas.

   e) A substância espiritual é apenas uma ficção criada pelo pensamento na tentativa de explicar as sensações das coisas materiais, que são reais.

2. Considerando a noção de *ideias sensíveis* e a possibilidade de classificar a teoria de Berkeley como um empirismo idealista, podemos classificar de forma correta a sensibilidade nessa teoria como:

   a) resultado da ação das coisas materiais em nossos sentidos.

   b) resultado da ação das coisas materiais em nossos sentidos após um processo de formalização realizado pelo espírito.

   c) uma faculdade do espírito que se relaciona com as ideias, sem a necessidade das coisas materiais.

d) uma faculdade do espírito dependente da ação da matéria como elemento formativo das ideias.

e) uma faculdade simples do corpo que se relaciona com a matéria em geral.

3. Um postulado central da teoria de Berkeley é a afirmação que diz que "ser" é "ser percebido". Sobre essa afirmação, é correto inferir:

a) Ela nos mostra que, na verdade, o principal elemento que garante a existência de algo é sua percepção. Como a percepção pertence ao sujeito, e não à coisa que é percebida, a sensibilidade do sujeito é central para provar a realidade do que é percebido.

b) Para ser percebida, a coisa precisa existir, o que nos leva a afirmar que a garantia da existência de algo é sempre anterior e independente de qualquer mecanismo de percepção.

c) Aquilo que não tem capacidade de percepção (como os objetos inanimados, por exemplo) não pode existir, pois é incapaz de perceber.

d) As ideias sensíveis são apenas ilusões na mente de quem percebe – ou seja, toda a realidade é excluída da teoria de Berkeley, restando apenas as ideias.

e) Berkeley mistura propositalmente as noções de *ser* e de *percepção* para mostrar que os limites do conhecimento humano estão diretamente relacionados com as capacidades cognitivas de cada indivíduo.

4. Ao concluir que a matéria não possui qualidades em si mesma ou elementos capazes de garantir sua existência, Berkeley aceita que toda a realidade é reduzida a ideias, sem que isso afete, de fato, a vida prática, pois tudo continuará sendo percebido da mesma forma pelos sujeitos. Qual o principal elemento que permite a

Berkeley afirmar que a matéria não tem em si mesma elementos que comprovem sua realidade?

a) A matéria é sempre relativa à forma como é composta, portanto, ela nunca pode ser uma e a mesma – é sempre variável.

b) Uma vez que, para que algo seja garantido como existente, precisa ser percebido, os principais elementos que provam a existência de algo são qualidades sensíveis, perceptíveis, que são do espírito, e não da matéria.

c) Como "ser" é "ser percebido", a matéria não existe, pois ela não pode ser nunca percebida, visto que nossos órgãos dos sentidos são sempre limitados e precisamos recorrer frequentemente a ferramentas para termos acesso à matéria, como microscópios, por exemplo.

d) Como a matéria é sempre mutável, nossa percepção também deveria variar de acordo com o que é percebido. Ora, uma vez que nossa percepção é sempre a mesma, podemos afirmar que a matéria existe de fato.

e) Como a matéria é estática e inalterável na natureza, ela não pode afetar nossos sentidos e nosso entendimento de nenhum modo, o que nos permite afirmar que a certeza de sua realidade estará sempre afastada de nós.

5. Considere a seguinte passagem de *Tratado*, de Berkeley:

> O que acontece, então, com o Sol, a Lua e as estrelas? O que devemos pensar das casas, dos rios, das montanhas, árvores, pedras e, mais ainda, de nossos corpos? São todos quimeras e ilusões da imaginação? A tudo isso, e a todas as outras objeções do mesmo tipo, respondo que pelos princípios anteriormente estabelecidos não somos privados de coisa alguma da natureza. Tudo o que vemos, sentimos, ouvimos, ou de algum modo concebemos ou entendemos continua tão certo como sempre e é tão real como sempre. (Berkeley, 2008, p. 79)

Ao escrever essas palavras, Berkeley rebate possíveis contra-argumentos afirmando que essa teoria modificaria de forma radical a realidade e, sobretudo, a vida prática. Por que a realidade e a vida prática não são em nada alteradas após o imaterialismo ser postulado pelo autor?

a) Porque, apesar de a matéria não existir, ainda assim percebemos as coisas, sentimos e interagimos com o mundo da mesma forma, como se a matéria existisse. A única diferença é que essas percepções e interações com o mundo real ocorrem através de ideias – que compõem a realidade –, e não mais da matéria.

b) Na verdade, é falso afirmar que a realidade e a vida prática não são alteradas. O imaterialismo exige uma nova postura por parte do sujeito que percebe o mundo, pois sua interação com ele está comprometida, uma vez que se aceita a inexistência da matéria.

c) Porque a vida prática resume-se apenas ao aspecto moral do sujeito, ao passo que a realidade das coisas em nada interfere nesse tipo de ação.

d) Porque ao afirmar que tudo o que existe são ideias, Berkeley acaba por apresentar duas substâncias distintas, a material e a espiritual, como tendo características extremamente semelhantes. Disso, segue-se que o sujeito não é capaz de perceber as diferenças entre elas nem pelos sentidos, nem por sua razão.

e) Porque a realidade e a vida prática não são assuntos de interesse de Berkeley, e sua teoria não se dirige a esses conceitos.

Atividades de aprendizagem

Questões para reflexão

1. Para Berkeley, é comum recorrer à experiência do leitor na tentativa de provar a argumentação. Há um claro exemplo desse procedimento quando, ao tentar mostrar que nossa capacidade de abstração das ideias é limitada, Berkeley solicita ao leitor que tente abstrair uma ideia geral a tal ponto que essa ideia não apresente nenhum tipo de característica particular. Realize essa experiência mental tentando atingir o limite máximo de abstração possível com relação às ideias de alguns objetos. Por exemplo: tente pensar na ideia de *homem em geral* ou de *casa em geral*.

2. Faça um breve texto mostrando os limites que sua abstração atingiu e tente dar destaque às ideias mais simples que você conseguiu pensar, descrevendo-as. Dica: procure destacar, na ideia de *casa em geral*, por exemplo, tudo aquilo que é comum a qualquer casa, ou seja, busque elencar apenas as ideias que são necessárias para formar um conceito que se aplique a todas as casas.

Atividade aplicada: prática

1. Berkeley (2008, p. 58-59) diz: "Que nem nossos pensamentos, nem as paixões, nem as ideias formadas pela imaginação existem fora da mente é o que todos admitirão [...] e não é possível que tenham alguma existência fora da mente ou das coisas pensantes que as percebem". Reúna elementos de suas próprias experiências sensíveis e escreva um breve relato buscando retratar como esses elementos reunidos por você corroboram a afirmação de Berkeley de que as qualidades secundárias, tradicionalmente ligadas à matéria, residem, na verdade, em nossa mente, e não nas coisas.

4 Hume e a causalidade: a ciência em questão

Neste capítulo, a teoria a ser abordada destoará do padrão de análise apresentado nos capítulos anteriores. David Hume desenvolveu suas hipóteses com base no pressuposto de que apenas os sentidos são fontes seguras para nosso conhecimento – um pressuposto empirista, portanto. Nosso objetivo será esclarecer como tal teoria foi construída e quais suas conclusões e consequências. Para isso, seguiremos a demonstração do autor sobre a formação das ideias, a natureza das relações causais e as noções de probabilidades.

4.1
O que é conhecimento?

David Hume foi um pensador escocês que viveu durante o século XVIII, mais precisamente entre 1711 e 1776. Grande escritor, ficou famoso por sua filosofia e também por seu estilo de escrita, que lhe deu reputação de excelente literato. Ele desenvolveu trabalhos sobre ética, política, crítica literária, textos de literatura e, também, sobre nosso tópico de interesse: epistemologia. Talvez por seu apego ao estilo de escrita agradável, efetuou uma espécie de revisão em uma de suas principais obras: *Tratado da natureza humana*. Grandioso tanto em extensão quanto em importância para a tradição filosófica, teve um de seus núcleos – justamente o que apresenta as questões de epistemologia – reduzido e apresentado de forma corrigida e enxuta sob o título *Investigação sobre o entendimento humano*.

Investigação é uma obra completa em si mesma. Nela, o autor debruça-se sobre temas que nos interessam diretamente. Trata-se de uma teoria sobre a origem e a formação das ideias, suas possíveis relações, o saber dedutivo, a ideia de causalidade e, preambular a essas discussões, uma noção de conhecimento. Hume, aliás, trabalha com uma definição clássica de conhecimento, que remete a textos da antiguidade filosófica. O *conhecimento* seria uma **crença verdadeira justificada**. Apesar de não ser apresentada textualmente na obra humeana, subjaz a ela.

A definição exposta pode ser representada da seguinte forma esquemática: "X conhece P" e, para que isso se configure, de fato, como conhecimento, três condições devem ser satisfeitas:

1. X crê que P […];
2. é o caso que P […];
3. X está justificado a crer que P […].

Nesse esquema, podemos ver que as condições necessárias para o conhecimento refletem os termos da definição: crença verdadeira e justificada. Essa é a definição clássica de conhecimento usada para manejar a problemática exposta em *Investigação*.

Pense a respeito

O conceito clássico de conhecimento é analisado em um breve, porém profundo, artigo da autoria de Gettier (1963) intitulado *Is Justified True Belief Knowledge?* Nesse artigo, o comentador questiona se as três condições listadas bastam para que algo seja considerado *conhecimento*. Ele apresenta alguns contraexemplos na tentativa de colocar em xeque essa definição. Será que uma crença (aceitação da verdade de algo) verdadeira (correspondência entre esse algo e a realidade) e justificada (possibilidade de explicar os motivos da crença) é sempre e necessariamente *conhecimento*?

Considere o seguinte exemplo: o time A ganhou um jogo de futebol do time B no dia 5 de janeiro. Um espectador assistiu a uma gravação desse jogo no dia 10 de janeiro, no mesmo horário em que o time A estava novamente jogando contra o time B. Dessa vez, o time A perdeu o jogo. O espectador não sabe que está assistindo a uma gravação. Ele afirma: "O time A ganhou do time B hoje."

As três condições para o conhecimento parecem satisfeitas: Ele crê na vitória do time A (P); é verdade que o time A ganhou do B no jogo assistido (é o caso que P), e o espectador justifica a crença afirmando que viu o jogo (justificação na crença). Apesar disso, a afirmação do espectador não é verdadeira, ou seja, não é conhecimento. Nesse exemplo hipotético, o que está em questão é a justificativa do conhecimento. O espectador do jogo crê em algo que, de fato, é o caso, mas sua justificativa é falha.

> Nesse sentido, a falibilidade da justificativa poderá colocar em xeque a definição clássica de *conhecimento*. Contudo, o que o artigo de Gettier tem a ver com as ideias de Hume? Para responder a essa questão, precisamos retornar e compreender os fundamentos do pensamento do filósofo escocês.

4.2
A teoria de Hume: a formação das ideias e o mundo conhecido

Comentamos que Hume é um filósofo empirista. Para ele, os sentidos são a principal fonte de formação de nossas ideias. Portanto, os objetos do mundo afetam nossos sentidos de algum modo e, a partir dessa afetação, as ideias são formadas em nossa mente. Muito diferente, por exemplo, de Malebranche, não é? A sensação causada por essa afetação é chamada de *impressão*. Existem, segundo o autor, dois tipos de impressão: as **externas** e as **internas**. Ambas criam imagens em nossa mente – as **ideias**.

As impressões externas são aquelas propriamente causadas pelos órgãos dos sentidos, quando, por exemplo, eu toco o gelo e sinto o frio. Já as impressões internas – ou **paixões** – são as percepções de nossa própria mente, como a percepção do pensamento ou dos sentimentos. Aqui, devemos notar algo importantíssimo: para Hume, as impressões externas e internas **não têm diferença de natureza, apenas de grau**. Isso quer dizer que a única diferença que há entre as duas impressões diz respeito à sua **intensidade**, ambas possuindo a mesma natureza.

Essa posição de Hume se opõe completa e radicalmente a Descartes. De certo modo, podemos comparar a impressão interna e a impressão externa com os conceitos de *ideia* e *sensação* presentes na filosofia cartesiana. No entanto, para o pensador francês, a natureza delas é completamente diferente e incomunicável, em contraste com o pensamento de Hume. O fato de a natureza de ambas as impressões ser idêntica, porém, não exclui a existência de uma grande e considerável diferença entre elas. Hume (1973b, p. 134) diz: "Todos admitirão sem hesitar que existe uma considerável diferença entre as percepções da mente quando o homem sente a dor de um calor excessivo ou do prazer de um ar moderadamente tépido e quando relembra mais tarde essa sensação ou a antecipa pela imaginação".

A sensação real, portanto, sempre será uma impressão muito mais viva e forte do que uma lembrança ou imaginação, a tal ponto que nem a mais viva lembrança um dia se equivalerá à mais fraca sensação.

Considerando essa primeira divisão, podemos começar a entender melhor como as ideias se formam. Como você já sabe, Hume aceita os sentidos como fonte de ideias. Isso quer dizer que as impressões externas são formadas em nossa mente com base nos dados sensoriais coletados pelos nossos cinco sentidos. Esses dados são como que impressos em nosso pensamento, criando as ideias das coisas de fora. Quando opera, o pensamento é capaz de perceber a si mesmo, assim como é capaz de imaginar, lembrar, desejar etc. Essas operações da mente, quando percebidas, formam nosso conjunto de impressões internas. Dessa forma, temos as duas fontes possíveis de ideias, segundo Hume. No entanto, a primeira e principal é o conjunto dos cinco sentidos. Isso quer dizer que toda a operação interna do pensamento depende dos sentidos, uma vez que toda ideia advém, em primeiro lugar, deles.

As ideias, uma vez presentes em nossa mente, relacionam-se entre si de vários modos possíveis. Essas formas de relação são tão amplas que, segundo Hume, temos a ilusão de que podemos relacioná-las infinitamente e de que nosso pensamento é ilimitado. Entretanto, isso não é verdade. Nosso pensamento, na realidade, é **limitado por regras determinadas** de relação de ideias.

O primeiro limite do pensamento é a **experiência**. Somos capazes de pensar em algo apenas se já tivermos uma experiência prévia do objeto. Esse limite parece fazer sentido se levarmos em conta o empirismo. Sendo os sentidos nossa principal fonte de ideias e dados mentais, como pensar em um gosto nunca antes sentido, por exemplo? Para Hume, nosso pensamento não é capaz de algo assim. O que a mente faz é apenas combinar, aumentar, diminuir e comparar dados e informações fornecidos pela experiência.

É esse tipo de operação que nos permite, por exemplo, pensar em seres fictícios. Nunca tivemos a visão real de uma sereia, mas conhecemos os peixes e as mulheres. A mente mistura as duas ideias percebidas anteriormente e, ao combiná-las, cria uma ficção. As imaginações, ficções e ideias em geral – ou seja, as impressões mais fracas – sempre serão composições e cópias das impressões mais vivas, advindas dos sentidos. Esse empirismo radical do autor de *Investigação sobre o entendimento humano* nos fornece uma espécie de **hierarquia** na formação das ideias. Esse mecanismo e esse limite são necessários e atuam como uma regra:

> Em resumo, todos os materiais do pensamento derivam da sensação interna ou externa; só a mistura e composição destas dependem da mente ou da vontade. Ou, para expressar-me em linguagem filosófica, todas as nossas ideias ou percepções mais fracas são cópias de nossas impressões, ou percepções mais vivas. (Hume, 1973b, p. 134)

Formadas as ideias, elas se combinam de várias formas, mas o que é importante frisar é que tais combinações não são absolutamente aleatórias, muito pelo contrário. Hume diz que existem regras para a associação de ideias, regras estas que tornam o pensamento lógico, coerente e lúcido. Para ele, são três os princípios de combinação de ideias: **semelhança; contiguidade; e causa e efeito**.

O primeiro princípio, o da semelhança, é aquele que une as ideias que possuam uma mesma característica, seja ela qual for. O segundo princípio, o da contiguidade, opera conectando ideias que se encontram concomitantemente no mesmo tempo ou espaço, ou seja, ideias contíguas. Esses dois princípios são mais simples e não parecem levantar problemas. No entanto, o terceiro princípio (causa e efeito) é extremamente problemático para Hume e serve de mote para que ele desenvolva uma teoria sobre as relações causais das ideias. Esse é o assunto da próxima seção.

4.3
Causalidade: razão ou hábito?

Quando falamos em **causalidade**, referimo-nos a um tipo de relação entre dois termos em que **o primeiro é a razão de ser do segundo**. Podemos citar, por exemplo, o fogo como causa da queimadura; a gravidade como causa da queda; o olhar como causa da percepção visual etc. Nesse sentido, quando falamos sobre a noção de *entendimento* na teoria de Hume, devemos considerar que ele ocorre por duas vias: **relações de ideias** e **questões de fato**.

Todo conteúdo **demonstrativo**, ou seja, tudo o que for demonstrado e que se pauta pelo **princípio da não contradição** (PNC), baseia-se em **relações de ideias**. Esse tipo de pensamento não permite nem mesmo que se pense o contrário dele – como é o caso, por exemplo, das verdades da matemática e da geometria. Você consegue conceber um triângulo que não tenha três lados? Não, e isso acontece em razão de tratar-se de um conteúdo demonstrativo, que se ampara na relação de ideias.

Por outro lado, as **questões de fato** (e aí reside o centro da problemática de Hume) aceitam a **possibilidade de uma afirmação contrária**, ou seja, o que evidencia sua verdade não é o princípio da não contradição. Pense na seguinte frase: "O sol nascerá amanhã." Você consegue conceber o contrário do que ela afirma? Sim, é claro. Apesar de parecer evidente, a expressão apontada não é demonstrativa, ou seja, não se pauta no princípio da não contradição – por isso, cogitar que o sol pode não nascer amanhã é perfeitamente concebível. A frase "o sol não nascerá amanhã" não é contraditória em relação à expressão "o sol nascerá amanhã", mas apenas contrária. Essa diferença não é apenas uma sutileza de linguagem, mas expõe processos mentais das operações que determinam essas sentenças – ou, em outras palavras, mostram como ocorre o entendimento.

Essa distinção é importante, pois permite que você compreenda a preocupação de Hume quando escreveu sua obra. Lembre-se de que, a princípio, o que será investigado é o que justifica um conhecimento (definido como *crença verdadeira justificada*). Ora, as relações de ideia justificam-se pelo PNC e são demonstrativas. Portanto, podemos apresentar uma justificativa para os conhecimentos da lógica, da matemática e da geometria. E quanto aos conhecimentos científicos em geral e outros motes embasados em questões de fato?

Note que a ciência estabelece verdades que se fundamentam em relações de causa e efeito. Estas, por sua vez, relacionam-se a questões de fato. Não existe, propriamente falando, uma contradição ao afirmarmos o contrário de uma proposição da ciência. Pense em alguns exemplos e você verá que, de fato, o contrário deles não é contraditório: os corpos caem, a Terra gira em torno do Sol, a substância X cura a doença Y, e tantas outras proposições possíveis. Isso revela que, de fato, ao passo que a lógica, a matemática e a geometria pautam-se no PNC, a ciência em geral e as questões de fato pautam-se nas relações de causa e efeito. No entanto, isso não basta para justificar um conhecimento de cunho científico.

"Se perguntardes a um homem por que acredita em alguma afirmação de fato que não esteja presente – por exemplo, que seu amigo está neste país ou na França –, ele vos dará uma razão; e essa razão seria algum outro fato [...]" (Hume, 1973b, p. 138). Nessa passagem, há uma questão de fato aparentemente banal, mas, se você considerar a ciência, verá que suas inferências são do mesmo tipo: Por que o cientista acredita que a substância X cura a doença Y? Por que o cientista acredita que a Terra gira em torno do Sol? As respostas a esses fatos serão sempre **outros fatos**, o que estabelece uma cadeia de causa e efeito em que o efeito A é explicado pela causa B, e assim sucessivamente.

Se analisarmos essas relações mais a fundo, notaremos que sempre existirá uma **conexão** entre os fatos. E essas relações causais sempre são baseadas na **experiência**, e nunca *a priori*. Quando alguém é apresentado a um objeto qualquer pela primeira vez, não consegue extrair todas as consequências dessa coisa à primeira vista: é necessário experiência e observação. Assim, se um cientista observar pela primeira vez a substância X, ele não poderá concluir, nesta primeira observação, que ela cura a doença Y. Tal conclusão surgirá após o aumento da quantidade de casos observados. Se pensarmos em algo mais comum, podemos dizer o seguinte: a água é a causa do afogamento; no entanto, não é a partir das características presentes na água que se segue o afogamento. Apenas a experiência mostra que a água pode afogar[1]. Hume (1973b, p. 138) diz: "Nenhum objeto jamais revela, pelas qualidades que se manifestam aos sentidos, nem as causas que o produziram, nem os efeitos que dele decorrerão; e tampouco a nossa razão, sem o socorro

---

1 O contrário acontece com os conhecimentos pautados no PNC. Quando dizemos, por exemplo, "um triângulo têm três lados", no próprio conceito de *triângulo* já se encontra a noção de três lados, ou seja, a experiência não é necessária nesse caso. O mesmo ocorre com expressões da lógica, como "A = A".

da experiência é capaz de inferir o que quer que seja em questões de fato e de existência real".

Essa passagem confirma que, na verdade, toda questão de fato não traz consigo, *a priori*, suas relações causais; é apenas a experiência que nos mostra tais relações – embora as questões de fato pautem-se nessas relações. Podemos concluir disso que as causas e os efeitos não são descobertos pela razão, mas pela experiência. O costume e a familiaridade que temos com certas questões de fato – como o caso da água que afoga ou do sol que nascerá amanhã, por exemplo – fazem com que acreditemos, contudo, que tais relações são necessárias, pautadas na razão e *a priori*. Hume afirma que isso é somente uma ilusão causada pelo hábito.

> Acreditamos que, se fôssemos trazidos de repente a este mundo, poderíamos ter inferido desde o primeiro instante que uma bola de bilhar comunicaria seu movimento a outra bola por impulso; e que não seria preciso aguardar o acontecimento para nos pronunciarmos com certeza a seu respeito [...], mas o intelecto jamais poderá encontrar o efeito na suposta causa. (Hume, 1973b, p. 139)

Em outras palavras, os elementos do efeito nunca se encontram presentes na causa. Na substância X, não se encontra nada da doença Y; na bola A, não há nada da bola B por ela empurrada; na água, não se encontra nada do afogamento, e assim por diante. É justamente essa característica das relações causais que impede que elas sejam consideradas *a priori*.

Importante!

Vamos retomar brevemente os elementos analisados até agora. Há uma definição de *conhecimento* segundo a qual ele pode ser entendido como uma crença, ou seja, uma inclinação do indivíduo a acreditar em algo. Essa crença, por sua vez, deve concordar com a realidade. Tal objeto precisa ser, no mundo real, de fato como o sujeito acredita que é, e ele deve ser capaz de justificar tal crença.

Tendo em vista que a justificativa do conhecimento é algo complexo, Hume explica que nossas ideias – que são impressões, ou seja, cópias do que sentimos pelos cinco sentidos ou das próprias operações do pensamento – relacionam-se seguindo certas regras: semelhança, contiguidade e causa e efeito.

Dessas três regras, a última é a mais complexa. O que nos permite definir as razões de uma relação de causa e efeito? Os juízos que nosso entendimento faz sobre a matemática e a lógica são embasados no PNC, que é *a priori* (e, por isso, pensar o contrário desses juízos é impossível), mas as relações causais são embasadas em questões de fato, que sempre têm outros fatos como justificativa. Tais relações não podem ser *a priori*, pois a causa nunca apresenta em si mesma os elementos do efeito, que só podem ser descobertos com a experiência. O hábito nos dá apenas uma ilusão de que uma relação causal pode ser percebida *a priori*, mas tal ilusão é falsa.

Será que a questão de Hume já foi resolvida? A experiência basta como justificativa para as questões de fato e, portanto, para os juízos da ciência? Como você já deve imaginar, não, a experiência não basta. Cada tentativa de solução revela um problema novo. Veja como o próprio autor de *Investigação* resume a questão:

Qual a natureza de todos os nossos raciocínios sobre questões de fato? A resposta apropriada parece ser que eles se baseiam na relação de causa e efeito. Qual é o fundamento de todos os nosso raciocínios e conclusões a respeito dessa relação? Poderíamos responder com uma simples palavra: a Experiência. Qual o fundamento de todas as conclusões tiradas da experiência? (Hume, 1973b, p. 140)

Hume parece estar cavando um poço sem fundo. Cada solução apenas apresenta uma questão nova – o problema é apenas deslocado a cada resposta. Perceba que a busca, aqui, é por uma possibilidade de explicar a forma como conhecemos o mundo. Hume não coloca em dúvida a ciência em si mesma. O ponto é ser capaz de **justificar** as afirmações científicas de forma que elas se apresentem como conhecimento. O empirismo nos garante uma via segura de acesso ao mundo exterior (os cinco sentidos), entretanto, os processos operados pelo nosso pensamento a partir desses dados sensoriais mostram-se problemáticos. É para esse campo que estamos voltando nossos olhares com a ajuda de Hume.

Você pode afirmar que as conclusões tiradas da experiência não são fundadas em raciocínios ou em processos demonstrativos, ou seja, não são racionais. Apesar de sermos capazes de inferir certas relações causais entre os objetos percebidos na natureza, tais objetos não revelam por si mesmos as qualidades envolvidas nessas relações. Para usar as palavras do autor, é como se a natureza tivesse **qualidades ocultas** que não nos são reveladas imediatamente, mas apenas através da observação e da experiência. Isso quer dizer que, com observação e a repetição de fatos semelhantes, somos capazes de inferir que efeitos semelhantes se seguem de causas semelhantes.

Ao perceber que a água afoga, portanto, você poderia concluir que a água sempre afoga. Ou então, ao ver um pão, você poderia concluir que ele vai nutri-lo, visto que sempre que você come um pão, você se nutre. A experiência e a repetição criam em nós uma esperança de que certos fatos se repetem e certas relações causais são uma regra. Por meio da indução, fazemos uma inferência generalizante: um salto indutivo que nos leva a tirar conclusões sem termos os passos intermediários.

O que Hume considera, com essas afirmações, é que a experiência, somada ao hábito e à repetição, são capazes de criar em nós uma regra que não é, entretanto, fruto da razão, não é dedutiva, e sim indutiva, fruto da experiência. Vale lembrar que a indução não é sempre segura. Como ela não se pauta no PNC, nada nos garante que um efeito de fato se seguirá de determinada causa, por mais que o hábito e a experiência nos indiquem que dessa causa sempre se seguiu o efeito em questão. O que temos é apenas uma crença muito forte de que assim será.

> Esta é uma questão fundamental em que desejo insistir. O pão que anteriormente comi, alimentou-me; em outras palavras, um corpo dotado de tais e tais qualidades sensíveis possuía, naquela ocasião, tais e tais poderes secretos; mas segue-se daí que um outro pão deva também alimentar-me noutra ocasião e que qualidades sensíveis semelhantes sejam sempre acompanhadas de poderes secretos semelhantes? (Hume, 1973b, p. 141)

O hábito nos permite viver nossa vida comum sem maiores problemas. Não é isso que está em análise. A questão é como transformar uma inferência dedutiva em regra. Como afirmamos anteriormente, esse processo mental serve para atos banais do nosso dia a dia, mas também é o que funda as inferências científicas. Como você deve saber, existem leis científicas que se baseiam na esperança de que, no futuro, as relações causais se repitam.

Todo esse conjunto de dúvidas começa a ser respondido na Seção V de *Investigação sobre o entendimento humano*. Vamos recapitular: um recém-chegado ao mundo (ou seja, uma pessoa sem experiência prévia) percebe uma sequência de fatos na qual um é a causa de outro. Nessa primeira observação, não fica claro que determinado efeito sempre se seguirá de uma dada causa – isso porque a natureza não revela suas qualidades ocultas, que só podem ser observadas pela experiência contínua. Esse recém-chegado consegue deduzir relações embasadas no PNC, que são *a priori* e demonstrativas, como as relações da lógica e da matemática. Com o passar do tempo, nosso forasteiro começa também a afirmar certas regras, pois viu que algumas relações sempre se repetem. Ele infere, por exemplo, que o sol nascerá amanhã, que os corpos caem, que a água afoga etc. No entanto, apesar de fazer essas afirmações com certa segurança (fruto do hábito), ele ainda não sabe exatamente o que permite essa conjunção entre causa e efeito. Ora, com esses raciocínios, você já tem elementos para responder ao nosso problema. Hume (1973b, p. 140, grifo nosso) diz: "Todas as inferências derivadas da experiência são efeitos do costume, não do raciocínio".

Justamente essa repetição e o hábito que criam a sensação de regra e nos permitem afirmar, com segurança, um elo entre causa e efeito. É o hábito, e não a razão, o grande guia da vida humana prática e das ciências. Não é à toa que o método científico se fundamenta em observação, experiência e dados. Para que uma lei científica seja invalidada, basta que, em um dia qualquer, um corpo, ao ser jogado, em vez de cair, levite. Isso quer dizer que a repetição das relações causais e o hábito devem sempre operar. Desse modo, finalmente, você consegue justificar as questões de fato, e, com isso, fugir da angústia dessa aparente incerteza.

> Qual é, pois, a conclusão de tudo isso? Uma conclusão simples, embora devemos confessá-lo, bastante afastada das teorias filosóficas comuns. Toda crença numa questão de fato ou de existência real deriva de algum objeto presente à memória ou aos sentidos e de uma conjunção habitual entre esse objeto e algum outro. (Hume, 1973b, p. 147)

O hábito, portanto, aponta sempre as mesmas relações causais entre determinados objetos. Somado à experiência, ele leva a mente a esperar essa ligação, a crer nela. Se a experiência nos mostra que Y sempre se segue de X, então, sempre que X acontecer, a mente esperará Y. Em outras palavras, a mente projeta essa crença no futuro. Esse movimento da mente é conhecimento? É uma crença verdadeira e justificada? Sim, sem dúvida. A ciência é conhecimento e pauta-se em relações entre questões de fato. Essas operações da mente baseadas no hábito levaram Hume a analisar exatamente essa espécie de projeção para o futuro que a mente faz ao inferir relações através da experiência. É o que veremos na seção seguinte.

4.4
Probabilidades

A noção de *probabilidade* surge na obra de Hume após ele ter constatado uma espécie de projeção para o futuro realizada pela nossa mente. Tal operação é reflexo direto da atuação do hábito e da repetição das causas. Vejamos o que o filósofo nos diz sobre isso:

> Se um dado fosse marcado com um determinado algarismo ou número de pintas em quatro de suas faces e com outro algarismo ou número de pintas nas duas faces restantes, seria mais provável voltar-se para cima uma das primeiras que das segundas; mas, se tivesse mil faces marcadas do mesmo modo e apenas uma diferente das outras, a probabilidade seria muito maior e mais firme e segura nossa crença ou expectativa no acontecimento. (Hume, 1973b, p. 151)

A passagem citada, extraída da Seção VI de *Investigação sobre o entendimento humano*, denota uma projeção realizada pela mente humana embasada na crença da qual falamos na seção anterior. O lance de dados tem seu resultado fundamentado no acaso, ou seja, existe certa indiferença sobre o resultado. Se for um dado comum, não há o que determine a vantagem de um dos lados sobre qualquer outro. Isso quer dizer que todos os lados têm a mesma chance de cair para cima.

No trecho citado, Hume afirma existir uma projeção do intelecto. Apesar do acaso no lance dos dados, nossa mente tende a crer que um dos números, aquele com maior ocorrência no dado do trecho, terá mais chances de cair para cima. Nossa crença aumentará muito no caso do dado imaginário de mil lados. Essa projeção é, na verdade, uma projeção de **causa no acaso**. Não há, de fato, algo que determine que um dos lados cairá para cima; mesmo assim, nossa mente crê nessa possibilidade.

Algo semelhante acontece com as relações causais de que tratamos na seção anterior. Assim como no exemplo do dado, nossa mente projeta uma esperança no futuro e faz uma transferência de informações da memória (passado) para efeitos que ainda não ocorreram (futuro). Essa projeção gera uma crença que opera igualmente nas ciências em geral e nas questões de fato. Hume não está inferindo que toda a ciência é fruto de "chutes" e especulações cegas sobre o futuro. Longe disso! O que o autor pretende defender é apenas que as conclusões científicas, como já dissemos, são fruto do hábito e da observação, somados à repetição. Tendo em vista que o passado apresenta-se a nós várias e várias vezes de forma semelhante, de modo praticamente regular e uniforme, o intelecto é levado a crer que o futuro será como o passado. Quanto maior a regularidade da relação causal, maior será nossa crença e projeção para o futuro.

Há de se notar que nem sempre essa regularidade é observada no mundo. Certas causas, às vezes, deixam de gerar os mesmos efeitos. Determinado medicamento que cura a doença X pode, eventualmente, não produzir efeito, ou até causar reação adversa e indesejada. Essa variação no nível de repetição e uniformidade é justamente o que regula a noção de probabilidade.

Aqui, pois, parece evidente que, ao transferirmos o passado para o futuro a fim de determinar o efeito que resultará de uma dada causa, transferimos todos os diferentes acontecimentos na mesma proporção em que se manifestaram no passado e consideramos um deles, por exemplo, como tendo ocorrido cem vezes, outro dez vezes e outro ainda uma só. (Hume, 1973b, p. 151)

A **probabilidade** varia de acordo com o nível de repetição que a experiência e o hábito nos dão. Assim como a ideia de conexão causal, a probabilidade não é fruto da razão, mas da experiência e do hábito. Há, contudo, algo em comum entre a ideia de *conexão causal* e a ideia de *probabilidade*. De forma geral, há uma ideia que atua na probabilidade, nas relações causais e na projeção do passado para os efeitos futuros: é a noção de *conexão necessária*. Em todos esses casos, é necessário que a mente creia que, no futuro, as mesmas relações se repetirão. A mente precisa crer na existência de uma conexão entre os dois termos da relação (passado e futuro). Desse modo, as inferências da ciência, nossas crenças do cotidiano, as afirmações sobre questões de fato e também as noções de probabilidade e até mesmo as estatísticas dependem dessa ideia de *conexão necessária*, ou seja, essa relação precisa existir em nossa mente.

Agora, considere o que discutimos no início do capítulo: Hume é um filósofo empirista – para ele, os sentidos são a fonte primeira e principal de todas as nossas ideias. Tudo o que pensamos deriva diretamente de nossa experiência sensível ou é fruto da combinação de ideias que, por sua vez, derivam de nossos sentidos. Ora, já sabemos que a ideia de *conexão necessária* existe, de fato, em nossa mente. Ela deve, portanto, ter uma origem sensível. Em outros termos, toda ideia deve ter uma **impressão sensível** correspondente.

Assim sendo, podemos dizer que, nas ciências em geral, por ser um campo observável e passível de experimentação, é possível encontrar correlatos sensíveis que servem de lastro à nossa ideia de *conexão necessária*. No entanto, na filosofia e, sobretudo, na metafísica e na epistemologia, a obscuridade dos temas parece apresentar-se como um entrave para solucionar a questão. Se as ciências apresentam, por assim dizer, os elementos que fornecem nossa ideia de *conexão necessária* com mais clareza, a filosofia não o faz.

Considere certas afirmações causais do campo filosófico em geral, como, por exemplo: "Agir bem me torna feliz", "Os sentidos me fornecem ideias", "Tenho a ideia de *infinito*; portanto, Deus existe" – ou, ainda, o que afirmamos há pouco, juntamente a Hume: "O hábito gera conhecimento". Todas essas afirmações apresentam-se como relações de causa e efeito. Para que se mostrem como regra, ou seja, enquadrem-se em uma teoria que se propõe verdadeira, é preciso que seja levada em conta a ideia de *conexão necessária*. Assim, nossa mente projetará a crença de que, no futuro, uma dessas relações causais se repetirá. Nesse caso, em assuntos abstratos, onde estaria a impressão sensível correspondente à ideia de *conexão necessária*?

Mesmo no campo sensível, nada do que se apresenta a nós em uma relação causal carrega consigo a conexão em si mesma. Cada fato é individual, composto por elementos que são, cada um deles, elementos individuais, com suas características específicas, e a conexão buscada por nós não figura entre elas. Hume (1973b, p. 154) notou esse problema e nos diz que "num exemplo único de causa e efeito nada existe que possa sugerir a ideia de poder ou conexão necessária [...] É impossível, portanto, que a ideia de poder derive da contemplação dos corpos em exemplos isolados de sua operação". Nem mesmo nossa imaginação, que combina da forma que bem entende os elementos das relações observadas, é capaz de nos fornecer essa ideia. Será, então, que chegamos ao fundo do poço que Hume vinha cavando ao apresentar uma nova dúvida ou problema a cada aparente solução? Seria a ideia de *conexão necessária* uma ficção da mente que não estabelece relação alguma com algo sensível?

Essa não é uma possibilidade legítima para Hume. A observação e a sensibilidade são soberanas na formação de nossas ideias e – não podemos esquecer – as operações internas da própria mente e do pensamento são também sentidas, percebidas. Isso significa que as impressões internas também servem de base para a formação de ideias. A ação da vontade nos faz perceber uma conexão necessária ou poder entre o querer e a ação. Somada ao hábito e à repetição, a vontade cria em nós a crença em uma conexão. Essa crença nos leva a esperar determinado efeito. Sempre que QUERO mover meu braço, ele de fato se move, ao que parece, a menos que haja algum impedimento. Essa crença atua de forma semelhante ao que discutimos até aqui: ela é uma projeção costumeira e repetitiva da mente. Essa previsão, por sua vez, é sentida e pode ser percebida pelo intelecto. Eis a impressão sensível que garante a ideia de conexão necessária!

> Recapitulemos, portanto, os raciocínios desta seção: toda ideia é copiada de uma impressão ou de uma sensação precedentes; se não podemos localizar a impressão, podemos assegurar-nos de que não há ideia. Em todos os casos isolados da atividade dos corpos ou espíritos, não há nada que produza uma impressão, nem, por conseguinte, que possa sugerir uma ideia de poder ou de conexão necessária. Mas quando aparecem vários casos uniformes, e o mesmo objeto é sempre seguido pelo mesmo evento, então começamos a admitir a noção de causa e de conexão. Nós sentimos então um novo sentimento, ou nova impressão, ou seja, uma conexão costumeira no pensamento ou na imaginação entre um objeto e o seu acompanhante habitual; e este sentimento é a origem da ideia que procuramos. (Hume, 1973b, p. 161)

O "poço", afinal de contas, tem fundo! Para retornarmos ao rigor que essa discussão merece, podemos afirmar que Hume consegue encontrar um fundamento para os conhecimentos sobre as questões de fato: o hábito. É o hábito, e não a razão, que serve de justificativa para os conhecimentos dessas relações e, por conseguinte, de fundamento para as certezas da ciência. A teoria de Hume também nos permite afirmar que todo esse processo é resultado de uma projeção para o futuro feita pela mente. Essa crença no futuro orienta nossa noção de *probabilidade* e considera que existe uma espécie de conexão entre a causa e o efeito que vai se repetir.

Por fim, acreditamos que a discussão realizada por Hume em sua obra é de extrema utilidade não apenas em tópicos sobre epistemologia, mas também para todos aqueles que trabalham com ciência e desejam entender um pouco mais sobre os processos envolvidos em seu trabalho. De certa forma, a teoria humeana desfaz um pouco a falsa imagem de que a razão é soberana em todos os campos da ciência, pois, na verdade, é o hábito do verdadeiro "rei".

Síntese

Para Hume, as ideias são cópias das coisas de fora e estão sempre limitadas por nossas impressões, não podendo ser criadas a partir de algo nunca vivenciado. Toda ideia é cópia de alguma coisa percebida ou pelos sentidos, ou pela própria mente – afinal, ela é capaz de perceber suas próprias operações. Existem, por sua vez, dois tipos de impressão: as externas e as internas, ambas de mesma natureza, mas com graus de intensidade distintos. Além disso, o filósofo sugere dois tipos possíveis de interação entre as ideias: o primeiro tipo ele chama de *relação de ideias*, que se pauta pelo princípio de não contradição. O segundo é composto pelas *questões de fato*, que são o núcleo do problema. No decorrer da investigação, concluímos que as questões de fato são juízos que têm por critério o hábito e a repetição e, justamente por isso, são capazes de gerar uma espécie de projeção de nossa crença para o futuro.

Indicações culturais

HUME, D. **Ensaios morais, políticos e literários**. São Paulo: Abril Cultural, 1973. (Coleção Os Pensadores).

Além de grande filósofo, David Hume foi um escritor de estilo e talento fenomenais. Aos seus tratados sobre epistemologia, política, ética e outros temas soma-se uma série de escritos literários. Recomendamos veementemente a leitura de uma coletânea de textos intitulada *Ensaios Morais, Políticos e Literários*, que faz parte do volume sobre Hume da coleção *Os Pensadores*.

O ENIGMA de Kaspar Hauser. Direção: Werner Herzog. Alemanha, 1974. 110 min.

Trata-se de um filme extremamente divertido e interessante, que dialoga diretamente com a questão da formação de nossas ideias, com a causalidade e com o empirismo. *O Enigma de Kaspar*

Hauser, do diretor alemão Werner Herzog, conta a história real de um jovem que foi encontrado em uma praça, imóvel e sem a menor capacidade de comunicação, pois teria sido criado totalmente isolado do contato com qualquer ser humano e, misteriosamente, foi abandonado segurando apenas um bilhete. A história do filme gira em torno do processo de educação e aprendizagem desse jovem, já com suas capacidades cognitivas desenvolvidas, mas sem nenhuma carga de experiência prévia.

Atividades de autoavaliação

1. David Hume aponta três possibilidades de mistura, composição e relação entre ideias. Ele afirma que nosso entendimento opera seguindo sempre determinadas regras, e que as operações que o entendimento realiza com essas ideias devem pautar-se em um ou mais desses três tipos de relação, que são:
    a) semelhança, contiguidade e princípio de não contradição.
    b) princípio de não contradição, empiria e imaginação.
    c) semelhança, contiguidade e causalidade.
    d) causalidade, semelhança e projeções para o futuro.
    e) imaginação, princípio de não contradição e empiria.

2. Ao apresentar as possibilidades de formação de nossas ideias, Hume diz que existem percepções ou impressões internas e externas. Ambas possuem determinadas características, mas têm em comum o fato de serem percepções. Assim, podemos dizer que quando formamos a ideia de algo externo, esse algo é percebido por nós através de nossos sentidos. As ideias que são formadas a partir das operações internas, como pensamento, reflexão etc., também são percepções, mas de operações mentais – ou seja, de "coisas de dentro" da mente. Sobre esses dois tipos de ideias, é correto afirmar:

a) Elas são da mesma natureza, variando apenas em grau e intensidade.
b) Elas possuem a mesma intensidade, visto que são percepções, mas a natureza de ambas é completamente distinta.
c) Elas possuem natureza e intensidade variáveis.
d) Não podemos afirmar qual é a natureza real das ideais, pois nosso entendimento é limitado e dependente de nossos sentidos.
e) A natureza e a intensidade delas variam de acordo com as circunstâncias e com o sujeito que percebe.

3. A teoria de Hume diz respeito às possibilidades de justificação e de validação das afirmações que podem ser consideradas *conhecimento*. A definição apresenta o conhecimento como uma crença verdadeira justificada. Com base nesse enunciado, podemos dizer que todo conhecimento deve ser demonstrativo?

    a) Não, pois a definição apresentada no enunciado basta para conceituar algo como conhecimento e não vemos nela a exigência de uma demonstração. Tal definição torna possível considerar as conclusões da ciência como conhecimento.
    b) Não, pois só é conhecimento o que é científico, e a ciência opera com experimentos, e não com demonstrações. As demonstrações integram apenas o âmbito da matemática e da geometria.
    c) Sim, pois todo o conhecimento, para ser considerado como tal, deve ser justificado. Tal justificação só pode ser realizada por meio da razão, que opera sempre com demonstrações.
    d) Sim, pois todo conhecimento pauta-se no princípio de não contradição, e tal princípio opera sempre com elementos demonstrativos.
    e) Não, pois os conhecimentos são originados apenas no pensamento, que é incapaz de operar com demonstrações.

4. Considere a seguinte passagem da obra de Hume (1973b, p. 138): "Nenhum objeto jamais revela, pelas qualidades que se manifestam aos sentidos, nem as causas que o produziram, nem os efeitos que dele decorrerão; e tampouco a nossa razão, sem o socorro da experiência é capaz de inferir o que quer que seja em questões de fato e de existência real". Sobre o excerto, é correto afirmar:

a) Hume diz que somente uma experiência isolada é incapaz de nos revelar as relações causais e seus resultados. Isso só é possível através do hábito, da observação e dos resultados semelhantes em condições semelhantes.

b) A natureza sempre oculta seus elementos. Sendo Deus seu criador, ele não quis nos dar a conhecer os processos pelos quais fez operar a natureza. Portanto, um real conhecimento dela torna-se impossível a nós.

c) Nossa razão, com a ajuda do hábito, consegue revelar as qualidades ocultas da natureza, mas tais qualidades não podem ser consideradas conhecimento, visto que não são crenças, mas objetos da ciência.

d) O hábito, somado à repetição, revela sempre que os resultados obtidos pela razão são verdadeiros. Nesse sentido, a passagem citada é falsa ou fruto apenas de uma ironia de Hume.

e) As qualidades ocultas dos objetos não devem ser consideradas um tema filosófico, e sim científico. Nesse sentido, a química e a física são campos mais adequados para lidar com tais qualidades do que a filosofia.

5. Para Hume, as ideias relacionam-se seguindo sempre determinadas regras. As possibilidades de relação entre as ideias são extremamente amplas, mas elas devem sempre seguir essas regras, em vez de se relacionar por completo acaso. Nesse sentido, podemos afirmar que nosso pensamento possui limites determinados. Segundo a teoria de Hume, assinale a alternativa que apresenta alguns desses limites de nosso pensamento:
   a) Vontade, imaginação e razão.
   b) Causalidade, contiguidade e vontade.
   c) Imaginação, hábito e vontade.
   d) Experiência, contiguidade e causalidade.
   e) Vontade, atividade e moralidade.

Atividades de aprendizagem

Questões para reflexão

1. A experiência, somada ao hábito, leva-nos a fazer constantes projeções do futuro. Isso quer dizer que o hábito nos mostra que as mesmas causas produzem os mesmos efeitos. Toda vez que essa causa nos for dada, a mente projetará a crença de que seu efeito se repetirá. Isso não é uma operação da razão, mas do pensamento auxiliado pela experiência. Descreva alguns casos em que essa projeção do futuro acontece em nosso pensamento.

2. Uma das conclusões de Hume é a afirmação de que, na verdade, as conclusões da ciência são fruto da experiência e do hábito, e não da razão. A razão opera com o princípio de não contradição. Faça uma pequena lista de algumas conclusões que derivam do hábito e de algumas que derivam da razão.

Atividade aplicada: prática

1. Releia a definição clássica de *conhecimento* utilizada por nós neste capítulo e questionada por Gettier, tentando encontrar outros exemplos que funcionariam da mesma forma que o exemplo do jogo de futebol e aplique-os ao argumento de Gettier.

5 Kant: tempo, espaço e a coisa em si

Se Descartes é considerado um dos fundadores da modernidade na filosofia, Kant finca a baliza oposta, alcançando o limite do pensamento moderno no Ocidente. Em razão disso, é possível falar em pensadores pré-kantianos e pós-kantianos. Nomes como Sócrates, Descartes e Kant representam marcos na linha histórica da filosofia. Não são apenas marcadores de uma cronologia algo artificial. Pensadores únicos, promoveram rupturas e inovações que revolucionaram toda a disciplina. No caso de Kant, filósofo alemão que viveu entre 1724 e 1804 – ou seja, do auge ao declínio do Iluminismo –, sua obra representa uma grande guinada no pensamento do período, mantendo o impacto e o frescor ainda hoje. Não é à toa, portanto, que recebeu o epíteto de *revolução copernicana da filosofia*.

Neste capítulo, evidenciaremos por que é atribuído esse peso à filosofia kantiana. Embora desafiante em virtude de sua complexidade, vamos esmiuçar os detalhes do pensamento do autor, mostrando como se difere de seus antecessores. Situaremos Kant como uma espécie de meio-termo entre as teorias idealistas de Descartes e Malebranche e o empirismo de Hume.

5.1
Introdução ao problema kantiano: a metafísica como ciência e a revolução copernicana

Para entender o pensamento de Kant, tido por muitos como um dos mais complexos de toda a história da filosofia, você precisa compreender, em primeiro lugar, que o ponto central de seu pensamento talvez seja a noção de *limites da razão*. Em uma de suas principais obras, *Crítica da razão pura*, o autor tenta justamente compreender a estrutura de nosso pensamento e de nosso entendimento, demonstrando que a razão possui certos limites e opera a partir de uma **conjunção entre sensibilidade e entendimento**. Com base nessa última afirmação, podemos começar a entender em que sentido a filosofia kantiana intermediária do idealismo e empirismo. Antes de Kant, a tradição filosófica apontava uma dicotomia entre doutrinas que se assemelhavam a um racionalismo cartesiano, pautado na soberania da razão sobre os sentidos (mostrados sempre como falhos e duvidosos). Do outro lado, há correntes empiristas de inspiração baconiana, como é o caso de Hume.

A filosofia de Kant rompeu com essa dicotomia exatamente por tentar entender os limites de nosso conhecimento buscando um **equilíbrio entre razão e experiência**. Essa empreitada ocorreria mediante uma trilogia de críticas:

- *Crítica da razão pura* (doravante CRP), obra que mais nos importa. Nela, são discutidos assuntos como a forma pela qual nosso entendimento opera, o que podemos conhecer, como conhecemos, como e em que medida temos acesso ao mundo exterior e o limite de nosso conhecimento;
- *Crítica da razão prática*, obra na qual são discutidos os juízos morais e éticos; e
- *Crítica da faculdade de julgar* ou, em algumas traduções, *Crítica do juízo*, na qual são discutidos os juízos estéticos.

A teoria apresentada na CRP, assim como nas outras críticas, ampara-se em uma definição de *juízo*. Já no primeiro livro, Kant mostra que existem dois tipos de juízos: os **analíticos** e os **sintéticos**. Os analíticos são sempre **dedutivos, lógicos, demonstrativos**. Eles têm por característica o fato de não gerarem novos conhecimentos, pois operam sempre com definições. Isso quer dizer que um juízo analítico, como o próprio nome sugere, realiza **análises**, ou seja, fala sobre conceitos que contêm os elementos de sua própria definição. Por isso, são demonstrativos e não admitem o contrário. Além disso, eles são sempre *a priori*, ou seja, não necessitam da experiência para sua comprovação[1].

O outro tipo de juízo apresentado por Kant na CRP é o juízo sintético. Nesse caso, ele aumenta nosso conhecimento, pois realiza **sínteses**, ou seja, **reúne dados** que não estão presentes no próprio sujeito do juízo. Portanto, ele não é demonstrativo e seu contrário é sempre possível.

---

1   A título de esclarecimento, considere, por exemplo, um juízo que afirma que "todo triângulo tem três lados". Nesse caso, o sujeito da frase (triângulo) já é definido com o atributo que se encontra no predicado (tem três lados). Desse modo, esse tipo de juízo é tautológico, ou seja, fala sobre elementos que já estão dados no próprio sujeito.

Nesse grupo, encontram-se os juízos da ciência em geral. São sempre *a posteriori*, ou seja, dependem da experiência para ser comprovados.

Qualquer semelhança entre essa divisão kantiana sobre os juízos e a divisão que você viu na teoria de Hume entre relações de ideias e questões de fato não é mera coincidência. Kant foi um leitor atento da filosofia humeana. Mais que isso, foram os temas presentes em Hume que incentivaram Kant a escrever sua crítica. Kant diz: "Confesso francamente: foi a advertência de David Hume que, há muitos anos, interrompeu o meu sono dogmático e deu às minhas investigações no campo da filosofia especulativa uma orientação inteiramente diversa" (Kant, 2003, p. 17).

Existem vários textos de Kant anteriores à CRP, conhecidos como *escritos pré-críticos*. Neles, o autor assumia uma postura **dogmática**, como ele mesmo diz na citação anterior. Ele considerava a metafísica em geral sob um ponto de vista tradicional. A CRP, que surge após a leitura de Hume, é o início de um projeto questionador da forma anterior de fazer metafísica e entender o conhecimento humano. Esse talvez seja um dos pontos centrais da problemática kantiana. Antes de chegarmos ao centro dela, porém, vejamos mais algumas definições importantes.

Além da divisão dos juízos em sintéticos e analíticos, Kant faz uma divisão de dois campos que se relacionam com nossa percepção e nosso entendimento: **fenômeno** e **númeno**. O primeiro deve ser entendido como **tudo o que é percebido**. Todo objeto apreendido por nós, pela nossa sensibilidade, e percebido de forma imediata, sem mediação, é fenômeno. Por outro lado, númeno é tudo o que não se apresenta diretamente a nós, que está além de nossas possibilidades de percepção – e aqui chegamos a um conceito central: a **"coisa em si"**.

Tudo o que percebemos passa por uma espécie de filtro, processo que se inicia em nossa sensibilidade e é sintetizado em nosso entendimento. A "coisa em si" seria um objeto qualquer do mundo sem nenhuma relação conosco – ou seja, em si mesmo. Note que perceber a "coisa em si" é um tanto quanto contraditório, pois, para Kant, tudo que é percebido já carrega algo de quem percebe, ou seja, a própria sensibilidade influirá no que é percebido. Portanto, perceber uma coisa em si mesma é impossível. Podemos falar, então, que a "coisa em si" pertence ao reino dos númenos. Abordaremos mais detalhadamente cada um desses conceitos no decorrer deste capítulo.

Como dissemos, a CRP trata sobre nossos juízos e sobre a forma de conhecer o mundo. Já no prefácio da obra, Kant discorre sobre a necessidade de uma análise comparativa entre certos campos do saber que se propõem aumentativos, ou seja, campos que aparentemente ampliam nosso conhecimento, como a ciência, a lógica, a matemática e a metafísica. O autor assim afirma no prefácio:

> Se a elaboração dos conhecimentos pertencentes ao domínio da razão segue ou não o caminho seguro de uma ciência, deixa-se jugar logo a partir do resultado. [...] Então se pode estar sempre convencido de que um tal estudo se acha ainda bem longe de ter tomado o caminho seguro de uma ciência, constituindo um simples tatear. (Kant, 1974, p. 9)

Note, nessa passagem, que Kant afirma uma **oposição** entre **ciência** e **domínio da razão**. A ciência apresenta-se como um campo do saber que segue um **caminho seguro**, ao passo que os resultados do **domínio da razão**, ou seja, a metafísica, não seguem esse mesmo caminho, e isso pode ser notado nos resultados desse segundo campo. A filosofia não apresenta resultados positivos e seguros como os da ciência. No entanto, ainda se propõe como um domínio do saber. Ora, qual a razão dessa diferença? Por que a ciência mostra-se como um campo seguro, de conhecimentos validados e certos, que progride a seu modo, e a metafísica não o faz? Ou, em outras palavras, como podemos validar os conhecimentos filosóficos pertencentes à metafísica? Ou, ainda, a metafísica fornece, de fato, conhecimentos?

Pense a respeito

> Você certamente percebeu aqui mais uma semelhança entre o pensamento de Kant e o de Hume. O problema central da filosofia kantiana se traduz na questão: É possível apresentar a metafísica como ciência? A solução para esse problema exige uma incursão pela análise de nossa própria forma de conhecer, e é com isso que podemos justificar a escolha de Kant para compor o livro. Ao tentar entender o papel da metafísica e da filosofia como campos de saber, Kant reformula, de forma revolucionária e genial, a noção que temos de nosso próprio conhecimento e da forma de acesso às coisas percebidas no mundo.

Existem algumas peculiaridades em cada forma de conhecimento e em cada campo de saber. A lógica, por exemplo, é um campo seguro, apesar de evoluir pouco no decorrer da história. Segundo Kant, a lógica não pôde, "desde Aristóteles, dar nenhum passo atrás" (Kant, 1974, p. 9). É um campo que lida apenas com a **forma** do pensamento, e não com os conteúdos. Sua segurança advém da própria limitação.

A ciência, por sua vez, apresenta e se utiliza de um método específico baseado em **experimentação, regras e formas de proceder**. Nesse sentido, são essas regras que fornecem a segurança. Pois, diferentemente da lógica, a ciência evolui consideravelmente. Sobre o método científico, podemos ler as seguintes palavras de Kant:

A razão deve ir à natureza tendo em uma das mãos os princípios segundo os quais apenas fenômenos concordantes entre si podem valer como leis, e na outra a experimentação que imaginou segundo os seus princípios, na verdade para ser instruída por ela, não porém na qualidade de um escolar que se deixa ditar tudo o que o mestre quer, e sim na de um juiz, cujas funções obrigam as testemunhas a responder às questões que ele lhes propõe. (Kant, 1974, p. 11)

Isso quer dizer que, no caso da ciência, a razão deve **submeter-se à metodologia científica** na investigação sobre o mundo físico. No entanto, essa submissão não deve ser como a de um aluno, mas como a de um juiz, que percebe as orientações das testemunhas e as questiona. Desse modo, a razão guiada pelo método científico proporciona a esse campo sua segurança e possibilidades de evolução.

Dois campos seguros: a lógica e a ciência. Este último evolui seguindo um método determinado, e daí advém sua segurança. O primeiro é seguro, mas não evolui, e é justamente de sua não evolução que deriva sua segurança. Mas, e quanto à filosofia e à metafísica, os saberes especulativos?

Nesses últimos casos, Kant afirma que "a razão deve ser aluna de si própria" (Kant, 1974, p. 11). Portanto, nos campos especulativos, sobretudo na metafísica, a razão **não pode recorrer à experiência ou ao método científico** como guia para sua investigação, ao mesmo tempo em que não se apresenta como um campo de poucos avanços, como a lógica. Kant nos coloca, desse modo, diante de um impasse ao questionar e comparar esses três campos do saber. A metafísica não se apresenta de forma segura: não é limitada como a lógica nem conta com regras seguras e firmes como a ciência. Não obstante, pretende ser um saber que evolui e se desenvolve, haja vista a própria história da filosofia. Será que esse desenvolvimento está correto? Poderíamos justificar uma apresentação da metafísica como ciência? Para responder a essa questão, Kant investiga algo anterior a ela: como conhecemos as coisas?

5.2
Como e o que podemos conhecer?

A *Crítica da razão pura* propõe um tratado do método pelo qual a metafísica poderá ser conduzida por um caminho seguro. Kant almeja apresentar uma possibilidade de execução da metafísica e da filosofia, entendida como campo especulativo, que forneça alguma segurança teórica como justificativa para as proposições dessa área. Uma primeira indicação de resposta ao problema talvez seja transpor os métodos da matemática e da física para a metafísica. Contudo, a solução não é tão simples.

Logo no início da CRP, Kant (1974, p. 23) faz uma distinção entre as fontes de nosso conhecimento: "Não há dúvida de que todo o nosso conhecimento começa com a experiência [...]. Mas, embora todo o nosso conhecimento comece com a experiência, nem por isso se origina todo ele justamente da experiência". Você deve estar se perguntando se Kant não se confundiu ou acabou por se contradizer. Fique tranquilo: Kant não seria tão ingênuo. Tampouco devemos responsabilizar a complexidade e, por vezes, obscuridade de seu texto. Essa diferença entre os conhecimentos que **começam e se originam** com a experiência fundamenta-se em uma distinção entre **conhecimento puro** e **conhecimento empírico**.

Perceba que, segundo o tempo, nada antecede a experiência em nosso processo de conhecimento. Nesse sentido, Kant aproxima-se dos empiristas ao afirmar que nossos cinco sentidos são as primeiras fontes de dados para nosso conhecimento. Temporalmente falando, tudo começa com eles. No entanto, pode acontecer de o conhecimento revelar-se como um composto do que recebemos pelos sentidos e do que o próprio entendimento nos fornece. Afastando-se das ideias de Hume, o alemão entende que a operação do entendimento não é apenas a de "misturar" as ideias para compor ficções. Segundo o autor, o sujeito que conhece não é totalmente passivo, limitado a receber e combinar os dados dos sentidos. Muito pelo contrário, o sujeito só conhece os elementos que **ele próprio coloca nas coisas**. Confuso? Vamos tentar esclarecer isso.

Para Kant, o processo de conhecimento começa pela experiência, pela ação de certos objetos em nossos sentidos. Isso, sem dúvida, exige que os objetos ditos de fora existam de fato, o que exclui a possibilidade de um idealismo total. Porém, o conhecimento não acontece exclusivamente pela ação dos objetos no sujeito – o sujeito também aplica, nesse processo, certas categorias que pertencem a ele próprio. Se fôssemos traçar um esboço desse processo, poderíamos dizer que o sujeito constata o objeto através da sensibilidade, que é passiva e impressionada pelos objetos de fora, fornecendo o **material** do conhecimento.

Note: aqui o sujeito terá apenas o material – ideias sensíveis que ainda não são conhecimento. Elas precisam ser formalizadas, organizadas. O intelecto agirá aplicando **categorias** ao que foi percebido e iniciando um processo de **organização** juntamente à razão. Essas categorias não estão nas coisas percebidas, mas em **quem** percebe: no sujeito, portanto. Há, aqui, mais uma inovação de Kant: as noções temporais e espaciais, referentes ao tempo e ao espaço, também não estão fora do sujeito (ou seja, nas coisas e no mundo). Ao contrário: **pertencem também ao próprio sujeito**. São as formas da sensibilidade de quem percebe, formas estas que são aplicadas às coisas no momento de sua percepção.

Importante!

> Essa parte do sistema kantiano pode ser esquematizada da seguinte maneira: percepção (fornece o material) + sensibilidade (formaliza o que foi percebido temporal e espacialmente) = IDEIA. Ideia + entendimento (aplica categorias como relação, qualidade, quantidade etc. à ideia) = CONCEITO. Conceito + razão (aplica padrões ao conceito) = CONHECIMENTO (conceito formalizado e organizado).

A teoria kantiana recebeu a alcunha de *revolução copernicana da filosofia* em uma alusão a Nicolau Copérnico, que revolucionou a astronomia ao deslocar o centro do universo da Terra para o Sol. Kant fez algo semelhante no campo da epistemologia. Tanto Descartes quanto Hume acreditavam que o centro do processo de conhecimento estava fora do sujeito (seja este centro as ideias, seja o mundo físico). Kant inovou ao deslocar o centro para o próprio sujeito, transformando-o em um sujeito transcendental, que percebe e aplica as formas, as categorias e organiza o que é percebido por conta própria. Sem esses elementos pertencentes ao sujeito, jamais teríamos conhecimento, mas apenas um punhado de materiais e informações sensíveis desconexas e sem sentido.

Colocado no centro do processo de conhecimento, o sujeito é ativo e responsável por grande parte desse processo de busca por uma garantia capaz de justificar a metafísica como um campo seguro, tal como a ciência. Você já sabe que existem conhecimentos que começam com a experiência e outros que se originam na experiência. Pois bem, todo conhecimento que começa com a experiência é temporalmente anterior e é originado de forma imediata na percepção. Kant chama esse tipo de conhecimento de *intuição*. Ao perceber as coisas de fora, a sensibilidade já inicia o processo de formalização do que é percebido através do tempo e do espaço, que são as formas da sensibilidade. Elas são *a priori*, ou seja, não dependem da experiência e não são percebidas por ela. Já estão presentes no momento em que acontece a percepção das coisas. Todo conhecimento que começa com a experiência, contudo, é *a posteriori*, pois obviamente depende desta.

Temos, ainda, os conhecimentos que se originam na experiência, mas não começam com ela. Esses conhecimentos dependem, em alguma medida, do material fornecido pela experiência, mas é o próprio **entendimento** que os gera. São **raciocínios e resultados** dos processos do entendimento. Esse tipo de conhecimento pode ser *a priori*, sem depender diretamente da experiência, mas originário dela. E pode ainda ser *puro*, ou seja, totalmente *a priori*. Veja o seguinte exemplo dado por Kant (1974, p. 23):

> Com efeito, costuma-se dizer, a respeito de muito conhecimento derivado de fontes da experiência, que somos capazes ou participantes dele *a priori*, porque o derivamos não imediatamente da experiência, mas de uma regra geral, que, não obstante, tomamos emprestada da experiência. Assim, diz-se de alguém que solapou os fundamentos de sua casa: ele podia saber *a priori* que a casa desmoronaria, quer dizer, não precisava esperar pela experiência do seu desmoronamento efetivo. Ele não podia, contudo, sabê-lo inteiramente *a priori*, pois o fato de os corpos serem pesados e de eles, portanto, caírem quando lhes são tirados os sustentáculos devia ser-lhe conhecido antes pela experiência.

Nesse exemplo, Kant aponta um tipo de conhecimento que pode ser considerado *a priori* sem que, no entanto, seja puro (absolutamente *a priori*). O conhecimento de que a casa cairia naquele momento não depende da experiência, mas se origina em dados que – estes sim – foram previamente fornecidos pela sensibilidade e pela experiência. Mais uma vez, você deve ter notado, Kant apresenta algo que se aproxima da teoria de Hume: o conhecimento da queda da casa pode ser considerado uma generalização de dados individuais fornecidos por experiências passadas. Essas generalizações formam um conhecimento *a priori* que se origina na experiência, mas que não começa com ela.

Entre os conhecimentos chamados de *puros*, podemos elencar as questões da lógica e aquelas pautadas no princípio da não contradição. São demonstrativos, ou seja, não se pensa o contrário deles, pois isso implicaria contradição. Nesses casos, como dissemos, no próprio conceito já se encontram os elementos de sua definição.

Essas distinções, devemos ressaltar, não são reflexo de mero preciosismo do autor, mas tem influência direta em nosso problema. Na próxima seção, verificaremos que as duas formas possíveis de juízos – sintéticos e analíticos – dialogam diretamente com as distinções feitas até aqui, funcionando como padrões de nossos raciocínios.

5.3
Análise do conhecimento: juízos sintéticos e juízos analíticos

Você está acompanhando o desenvolvimento das ideias de Kant conforme são apresentadas na CRP. Sua teoria analisa os processos de conhecimento e como nossos juízos se formam. É uma maneira de entender nossos raciocínios sobre as coisas do mundo. Você já viu que o processo da formação de um conceito, de sua síntese, depende, em grande parte, do sujeito que percebe, e não só dos objetos externos, sejam estes materiais, sejam ideais. Foi essa inovação que deu vigor revolucionário à filosofia kantiana. Falamos brevemente que o filósofo considera dois tipos de juízos: os analíticos e os sintéticos. Analisaremos, agora, um pouco mais a fundo esses tipos de raciocínio, demonstrando como se relacionam à problemática kantiana.

O juízo analítico baseia-se na **análise** do objeto em questão, ou seja, ele decompõe, por assim dizer, a **definição do objeto** (processo de análise) e reafirma sobre ele elementos que já estão presentes nessa definição. Nesse sentido, tal juízo **não é aumentativo**, ou seja, não acrescenta nada de novo ao que já temos sobre o objeto a partir de sua definição.

Pense, por exemplo, na afirmação "Todo corpo é extenso". No próprio conceito de *corpo* já se encontra presente a definição. A expressão anterior, portanto, surge a partir de uma análise do conceito de *corpo* e afirma sua extensão, que já é presumida na definição. Outro exemplo: considere a afirmação "Todo efeito tem uma causa". Quando se define *efeito*, a noção de *causa* já está presente – é necessária para o conceito de *efeito*. Não há efeito sem causa, assim como não há corpo sem extensão. Vários outros juízos analíticos podem ser encontrados se você vasculhar sua mente.

Os juízos analíticos assemelham-se em alguma medida à relação de ideias de Hume. Pautam-se no princípio de não contradição, que regulamenta esses juízos e fazem com que seu contrário seja impossível. Efeito sem causa? Corpo sem extensão? Não podemos nem mesmo pensar essas coisas. Os juízos puros (absolutamente *a priori*) são, portanto, todos analíticos, isso porque não precisamos recorrer a experiência alguma para comprová-los. Basta a definição do conceito central.

Já a verdade do juízo sintético funda-se na **relação de conceitos**. Ele surge a partir de uma operação de **síntese**, ou seja, esse tipo de juízo soma algo ao conceito que antes não estava presente em sua definição. Ele é um juízo **aumentativo**, que nos fornece algo que não sabíamos sobre o objeto em questão. Perceba que a ciência opera sempre com juízos sintéticos, pois é um campo do saber que pretende aumentar nosso conhecimento. Ela progride com seu método e desenvolve-se a partir da síntese. O próprio método científico é, em si mesmo, sintético.

Preste atenção!

> Expressões do tipo "a Terra se move", "o impacto deforma", "o ácido corrói" e tantas outras são juízos sintéticos. Não é difícil notar o motivo. No conceito de *planeta Terra*, por exemplo, a definição de *movimento* não está necessariamente presente, está? Na ideia de *impacto*, encontramos vinculada a noção de *deformidade*? No conceito de *ácido* está presente a ideia de *corrosão*? A resposta sempre é negativa. Somos capazes de ligar essas noções somente com base na experiência, ou seja, a observação nos mostra os fatos que essas expressões afirmam – são, portanto, *a posteriori*.

Agora, você diria que a matemática baseia-se em juízos sintéticos ou analíticos? Apesar da aparência, Kant diz que a matemática opera com juízos **sintéticos**. Pense uma expressão matemática das mais simples: 2 + 2 = 4, por exemplo. Nessa expressão de igualdade, temos os seguintes termos: *2, +, =* e *4*. No conceito de *2* não se encontra o conceito de *4*. Tampouco no conceito de soma. Da mesma forma, no conceito de igualdade também não se encontra o conceito de *4*. Desse modo, a expressão *2 + 2 = 4* é um juízo sintético, pois conclui algo que não estava previamente presente na definição do objeto em questão. É, portanto, um juízo aumentativo. Nas palavras do autor:

> Poder-se-ia, antes de mais, pensar que a proposição 7 + 5 = 12 é uma simples proposição analítica, que resulta do conceito de uma soma de sete e de cinco, em virtude do princípio de contradição. Mas, olhando de mais perto, descobre-se que o conceito da soma de 7 e 5 não contém mais nada senão a reunião de dois números num só, sem que se pense minimamente o que seja esse único número, que compreende os dois. O conceito de doze de nenhum modo está pensado pelo simples fato de eu pensar essa reunião de sete e de cinco [...]. Alarga-se assim realmente o seu conceito por meio desta proposição 7 + 5 = 12 e junta-se

ao primeiro conceito um novo, que nele não estava pensado, isto é, a proposição aritmética é sempre sintética [...]. (Kant, 2003, p. 27-28)

Ora, mas o que essa complexa análise dos juízos tem a ver com o problema kantiano do estatuto da metafísica? A ciência parece lidar bem com seus juízos sintéticos, pois ambos são *a posteriori* – recorrem à experiência e aumentam o conhecimento a respeito dos assuntos sobre os quais versam. A lógica, por outro lado, também parece lidar bem com os juízos analíticos. Sendo um campo apenas formal, não acrescenta nada de novo aos seus pontos de interesse e utiliza-se tranquilamente desses juízos.

Agora, e quanto à metafísica? O nó da questão surge quando notamos que a metafísica é um campo que **se pretende aumentativo**, ou seja, assemelha-se a juízos sintéticos, mas é, ao mesmo tempo, um campo que **trabalha** *a priori*, não recorrendo à experiência, visto que seus próprios objetos estão além do campo da experiência. Podemos formular a partir desses dados as seguintes questões: Seria a metafísica possível? Seria ela apenas um campo de extrapolações? Concordamos com Kant (2003, p. 30): "Lucra-se já muitíssimo quando uma grande quantidade de investigações pode ser reduzida à fórmula de um único problema [...]. O problema verdadeiro e próprio da razão pura está agora contido na pergunta: como são possíveis juízos sintéticos *a priori*?".

Essa é, afinal, a problemática central que vai permear a CRP. Ainda sobre isso, Kant afirma em *Prolegômenos a toda metafísica futura que queira apresentar-se como ciência*, obra extremamente esclarecedora para entendermos a CRP:

> Se existisse realmente uma metafísica que pudesse afirmar-se como ciência, poder-se-ia dizer: aqui está a metafísica, deveis apenas aprendê-la e ela convencer-vos-á irresistível e invariavelmente da sua verdade: esta questão seria então ociosa e apenas restaria a seguinte,

a que diria respeito mais a uma prova da nossa perspicácia do que à demonstração da existência da própria coisa, a saber, como ela é possível e como a razão aí procura chegar. (Kant, 2003, p. 31)

O que Kant quer dizer na passagem citada é que, tendo em vista o caráter especulativo e abstrato da metafísica, ela não se mostra como ciência positiva. Se assim o fosse, toda nossa questão se resumiria em perguntar como ela ocorre. No entanto, o problema da CRP é mais profundo, pois o que é questionado é SE ela é possível. Como você já sabe, para responder a essa questão e desatar esse nó, a estratégia do autor é investigar o próprio sujeito e sua forma de conhecer, pois, entendendo o próprio conhecimento e nossa forma de acesso ao mundo exterior, talvez possamos compreender se é possível um campo de saber como a metafísica. Apesar de o sujeito ter papel central nesse processo de formalização dos conceitos, a sensibilidade é extremamente importante.

5.4
Sensibilidade, tempo-espaço e a "coisa em si"

Kant coloca o sujeito no centro do processo, transformando-o no principal parâmetro para o conhecimento. Essa inversão, como o próprio pensador diz na CRP, conduz à conclusão de que "os objetos devem regular-se pelo nosso conhecimento" (Kant, 1974). Marilena Chaui (2010b, p. 90) reforça essa teoria:

> O que diz Kant? Inatistas e empiristas, isto é, todos os filósofos, parecem ser como astrônomos geocêntricos, buscando um centro que não é verdadeiro. Qual o engano dos filósofos? Considerar que o conhecimento se inicia tendo como ponto de partida a realidade: no caso de Descartes, a realidade inicial é o interior, o espírito, a 'coisa pensante', no caso dos empiristas a realidade inicial é exterior, o mundo ou a natureza.

O sujeito que conhece aplica, como já dissemos, várias categorias – que pertencem a ele mesmo – no momento em que o objeto é formalizado para criar conceitos e ideias. Essa atividade começa já na sensibilidade. Por mais que não se realize a formalização total do que é percebido, ou seja, por mais que o processo de conhecimento não seja completo, o simples fato de perceber algo por meio da sensibilidade já basta para que exista algo de quem percebe naquilo que é percebido.

No início da CRP, você encontrará um capítulo intitulado "Estética transcendental". O leitor acostumado com temáticas filosóficas reconhecerá o termo *estética* como a área da filosofia responsável por estudar conceitos como *belo* e *sublime*, também chamada de *filosofia da arte*. Na filosofia kantiana, o termo *estética* está ligado à **sensibilidade**. Isso fica mais claro se considerarmos o termo grego *aisthesis*, que significa *sensibilidade*, derivando termos como *anestesia*.

Kant (1974, p. 39) define *sensibilidade* como "a capacidade (receptividade) de obter representações segundo o modo como somos afetados por objetos". Note que, na definição, a sensibilidade é apresentada como *receptividade*, ou seja, ela recebe as impressões sensíveis ao se relacionar com os objetos de fora. Nesse sentido, é apresentada de forma muito semelhante àquela dos empiristas. A sensibilidade é responsável pela intuição que, como já adiantamos, significa perceber de forma imediata, sem mediação. A intuição, por sua vez, é o contato direto entre o objeto e o sujeito que percebe, sem nenhum intermediário, e só ocorre na medida em que o objeto nos é dado. Quando os objetos afetam nossos sentidos, a sensibilidade se realiza. Esta nos fornece **intuições**, ao passo que o entendimento provém de **conceitos**. Em outras palavras: os sentidos sentem, o entendimento pensa.

Conforme comentamos, a sensibilidade e o entendimento atuam juntos no processo de conhecimento; a primeira fornece a **matéria**, e o último, a **forma**. A título de esclarecimento, vamos considerar as definições do autor: "Denomino *matéria* do fenômeno o que nele corresponde à sensação; denomino, ao invés, *forma* do fenômeno o que faz com que o múltiplo do fenômeno possa ser ordenado em certas relações" (Kant, 1974, p. 39). *Fenômeno,* por sua vez, é tudo o que é percebido.

Podemos afirmar, portanto, que um conceito deve ser composto de matéria e forma – um advindo da sensibilidade e outro sendo produto do entendimento. Apesar de o entendimento aplicar as categorias que formalizam e organizam, por assim dizer, o conteúdo intuído pela sensibilidade, tal formalização já se inicia na própria sensibilidade, não sendo ela totalmente passiva. A sensibilidade possui formas que são aplicadas ao objeto percebido no momento em que ocorre a intuição. Essas formas você já conhece: **tempo** e **espaço**, peças-chave para resolver o problema central da CRP (a metafísica é possível? Se sim, como?).

5.4.1 O espaço e o tempo

Todos os objetos percebidos fora de nós estão contidos em um espaço, e é nesse espaço que se determinará a **grandeza**, a **figura** e a **relação** entre objetos. Nenhum objeto do mundo exterior pode ser concebido sem a noção de espaço. Mas, o que é o espaço para Kant?

Já vimos que se trata de uma noção da sensibilidade, pertencente ao sujeito. No entanto, ele não pode ser intuído como algo intrínseco a nós. Isso porque deve ser anterior às intuições – percepções imediatas –, uma vez que é necessário e confere forma a elas. Podemos dizer, portanto, que o espaço **não deriva nem é extraído da experiência**, pois a própria experiência sensível tem o espaço como fundamento. Ele deve ser, então, *a priori.*

Note também que toda representação está contida em um espaço, mas nem todo espaço contém alguma representação – ele é, portanto, **condição das representações**. Desse modo, somos capazes de conceber um espaço puro, por assim dizer, e, ao conceber tal espaço puro, ele deve ser, segundo Kant, um único espaço (ou seja, não pode ser múltiplo ou fragmentado). Assim, quando falamos em muitos espaços, estamos, na verdade, aludindo a várias partes de um mesmo espaço. Ele é representado como uma grandeza infinita pensada de forma simultânea.

Tendo em vista essas características do espaço, podemos concluir: não se trata de uma **propriedade das coisas** mesmas, visto que, para percebermos as coisas, o espaço deve ser dado previamente. O espaço é o que **formaliza os fenômenos** – tudo o que é percebido. Portanto, trata-se da condição subjetiva da sensibilidade. O espaço é algo do sujeito que percebe e que possibilita a percepção. Kant (1974, p. 42) explica: "Ora, visto que a receptividade, pela qual o sujeito pode ser afetado por objetos, deve necessariamente preceder toda intuição destes objetos, compreende-se como a forma de todos os fenômenos pode ser dada no ânimo antes de todas as percepções efetivas [...]" (Kant, 1974, p. 42).

Por fim, podemos concluir também que o predicado *espacial* só pode ser atribuído a algo enquanto nos aparece, ou seja, **enquanto for fenômeno**. Se abstrairmos todos os objetos da percepção, restará apenas o espaço puro. Teremos, então, uma ideia pura, *a priori*, que não possui nada de empírico, mas que, ao contrário, funda a sensibilidade.

Assim como o espaço, o tempo não é, para Kant, um conceito empírico, passível de ser percebido pela sensibilidade. Ao contrário, trata-se um fundamento das **noções de sucessão e de simultaneidade**.

O tempo também **pertence ao sujeito** que percebe. É **anterior** a toda percepção, fundando-as. Além disso, não é possível suprimir o tempo do que é percebido. Ele é, portanto, **necessário a todas as percepções**.

Por outro lado, assim como no caso do espaço, podemos eliminar do tempo tudo o que é representado nele e pensar em um tempo puro. Apesar da semelhança entre os conceitos de *tempo* e *espaço*, existe uma diferença importante: ao contrário do espaço, o tempo não é simultâneo, mas **unidimensional**, ou seja, não pensamos em um único tempo simultâneo, mas em uma **sucessão de momentos presentes**. Ele é uno, com partes sucessivas que tendem ao infinito.

As conclusões que tiramos do conceito de *tempo* também se aproximam muito daquelas referentes ao conceito de *espaço*: o tempo não é inerente às coisas, mas uma **representação anterior** a elas, visto que serve de fundamento da percepção, aplicando-se à sensibilidade. O tempo é uma forma da **sensibilidade interna** – pertence ao sujeito, e não às coisas. Assim, é uma intuição de nós mesmos, é **subjetivo**. O tempo é uma forma da sensibilidade *a priori*, como o espaço. Sobre o tempo, Kant (1974, p. 45) afirma que, "com efeito, o tempo não pode ser nenhuma determinação de fenômenos externos; ele não se refere a uma figura ou posição etc.; ao contrário, ele determina a relação das representações em nosso estado interno". Portanto, as relações que o tempo apresenta não são como as do espaço, que se voltam ao exterior. Elas dizem respeito ao **estado interno**, isto é, à própria mente do sujeito que percebe. Não há tempo no mundo exterior, mas apenas na mente.

Outro ponto de afastamento entre o tempo e o espaço é que o tempo é condição para **todos** os fenômenos, ao passo que o espaço é a condição apenas para os fenômenos de fora, espaciais. Do mesmo modo, o espaço é uma ideia pura, pois podemos abstrair tudo o que nele está contido, mas não podemos extrair o tempo dos fenômenos percebidos.

> Quisemos, portanto, dizer: que toda a nossa intuição não é senão representação de fenômeno; que as coisas que intuímos não são o próprio em si, em vista do qual as intuímos, nem que as suas relações são em si

mesmas constituídas do como nos aparecem e que, se suprimíssemos o nosso sujeito [...] todas as relações do objeto [...] e mesmo espaço e tempo, desapareceriam. (Kant, 1974, p. 49)

Kant quis evidenciar que toda nossa intuição – o que é percebido sem mediação – é apenas uma representação do fenômeno (o que nos aparece), que é o contrário do já mencionado númeno. Dessa forma, nada do que é percebido o será em si mesmo. Nós nunca veremos as coisas mesmas, a "coisa em si". Nós tão somente percebemos as coisas através de uma espécie de filtro da sensibilidade, que são o tempo e o espaço. Esse filtro, que Kant chama de *formas da sensibilidade a priori*, está no sujeito, e não nas coisas ou no mundo exterior.

Toda essa incursão sobre questões epistemológicas é realizada para resolver o problema central da CRP: A metafísica é possível? Ou, para expressar essa mesma questão em outras palavras: Como são possíveis os juízos sintéticos *a priori*? Esse é o objetivo velado da discussão. Chegaremos a ele a partir da próxima seção.

5.5
Limites do conhecimento humano

Vamos retomar brevemente os termos do problema kantiano: logo na introdução da CRP, Kant analisa algumas áreas do conhecimento humano tentando entender suas justificativas e validade. A lógica mostra-se como um campo seguro, pois é *a priori* e progride muito pouco. Justamente desse caráter não aumentativo – ou seja, pelo fato de a lógica não progredir e não oferecer novos saberes – deriva sua segurança. Em paralelo à lógica, podemos notar que existem juízos aos quais Kant chama de *analíticos*. Estes realizam apenas um processo de análise no conceito, não acrescentando nada ao conhecimento sobre ele. É expresso apenas o que já estava contido anteriormente no próprio conceito. São, portanto, não aumentativos, tautológicos e *a priori*. São dessa natureza juízos como "todo efeito tem uma causa", "todo triângulo tem três lados", "todo corpo é extenso" etc.

Em contrapartida, Kant aponta que as ciências em geral representam um campo que progride, que amplia nosso conhecimento. Ao mesmo tempo, trata-se de um campo seguro. Elas se pautam em um método e em procedimentos bem específicos; daí deriva sua segurança. Paralelamente às ciências, encontramos juízos sintéticos, que realizam o processo de síntese. Estes acrescentam ao conceito elementos que não estavam anteriormente presentes nele. São, em virtude disso, aumentativos e *a posteriori*. Isso quer dizer que, por definição, devemos recorrer à experiência para afirmar coisas que o conceito não contém. São desse tipo juízos como "todo corpo pesado cai", "a Terra se move" e "2 + 2 = 4". Não nos é dado previamente, nos termos que definem o sujeito, o que eles expressam.

Sobre as ciências e a lógica, parece que não temos grandes problemas. No entanto, existe um terceiro campo: da metafísica e da filosofia especulativa em geral – esse, sim, problemático. Kant ressalta que essas áreas se pretendem aumentativas – buscam ampliar nosso conhecimento dos objetos sobre os quais se debruçam. Entretanto, são, por sua própria natureza, *a priori*. A metafísica, por exemplo, almeja ser um campo do saber que progride, ao mesmo tempo em que lida com objetos que não podem ser analisados pela experiência (que não são *a posteriori*). Eis, então, a grande questão: Como são possíveis os juízos sintéticos *a priori*, que são os juízos com os quais lida a metafísica?

Dissemos que, entre os juízos sintéticos, encontra-se a matemática. Ora, em qual experiência se funda a matemática? Seria ela também um juízo *a posteriori*? Já comentamos que, na expressão *2 + 2 = 4*, nos conceitos de *2*, *+* e *=* não se encontra presente o conceito de *4*, de onde se segue que tal juízo é sintético, e não analítico. Entretanto, a matemática também parece não se embasar na experiência. Seria ela, então, um juízo sintético *a priori*? Se a resposta a essa questão for afirmativa, teremos dado um grande passo com relação ao problema central da CRP.

Kant diz que sim, a matemática é um juízo sintético *a priori*, pois o que funda os juízos matemáticos é a **noção de *tempo***, uma das formas da sensibilidade *a priori*. Quando realizamos operações matemáticas, como uma soma ou divisão, temos a noção de *sucessão presente*. Essa noção baseia-se em relações temporais que são *a priori*. Podemos afirmar, com segurança, portanto, que a matemática é um **juízo aumentativo, sintético e *a priori***, pois embasa-se no tempo. Isso justifica nossa afirmação anterior sobre as formas da sensibilidade (tempo e espaço) estarem diretamente relacionadas à solução do problema[2].

Então, existem juízos sintéticos *a priori*. O primeiro passo foi dado. Mas, e quanto à possibilidade de uma metafísica? Ora, a metafísica é, para Kant, **fruto da projeção natural da razão**, ou seja, na metafísica, a razão ocupa-se de si mesma. Essa projeção da razão atua na tentativa de **organizar em padrões os elementos formalizados pelo entendimento**. Esses padrões podem direcionar-se para além de nossos limites do conhecimento. A ideia de *Deus*, por exemplo, como princípio criador, início da cadeia causal de toda criação, pode ser, segundo a CRP, apenas uma projeção da razão na tentativa de organizar o padrão causal percebido. Apesar de os juízos sintéticos *a priori* serem possíveis, isso não garante um fundamento seguro para a metafísica. O que resta, portanto, é apenas a crítica.

---

2   Alguns axiomas da geometria também são considerados juízos sintéticos *a priori*, tais como "entre dois pontos a linha reta é a mais curta", que Kant chama de *geometria pura*. Esses axiomas são sintéticos *a priori* e encontram seu fundamento na noção de *espaço* (Kant, 2003).

Eis, pois, o que é certo: quem uma vez saboreou a crítica sente para sempre aversão por todo o palavreado dogmático, com que outrora forçosamente se contentava, porque a sua razão precisava de alguma coisa e nada de melhor podia encontrar em seu entendimento. A crítica está para a habitual metafísica justamente como a química está para a alquimia, ou como a astronomia está para a astrologia. (Kant, 2003, p. 190)

Para Kant, a metafísica é apenas fruto das projeções da razão, visto que o filósofo não consegue apresentar um fundamento seguro para ela. Terá sido ela eliminada pelo autor? Ou será a própria crítica também metafísica? Não discutiremos isso aqui, mas deixaremos o assunto em aberto para que você reflita.

Síntese

Neste capítulo, destacamos a busca pelos limites de nosso conhecimento empreendida por Kant. A investigação do autor inicia-se a partir da consideração da metafísica e da constatação de que ela se apresenta como um campo que propõe novos saberes. Porém, não possui a segurança das ciências nem da lógica. Ao analisar a metafísica e buscar uma solução para esse impasse, Kant nos apresenta os conceitos de *juízos sintéticos* e *juízos analíticos*. Os primeiros operam com a síntese e ampliam nosso conhecimento sobre o conceito ao qual se referem, acrescentando novos elementos a ele. Já os juízos analíticos são tautológicos – operam pela análise e referem-se apenas a elementos presentes no conceito em questão. A metafísica, por sua natureza, opera com juízos sintéticos, mas *a priori*.

O problema, no entanto, persiste: Como garantir esse tipo de juízo utilizado pela metafísica? A resposta gira em torno das noções de *tempo* e *espaço*, que são formas *a priori* de nossa sensibilidade. A própria sensibilidade é o primeiro estágio, por assim dizer, do processo pelo qual nossos conhecimentos são formalizados, relacionando-se com o *entendimento* e com a *razão*. E a metafísica, por sua vez, resume-se a um fruto das projeções da razão, que atua na tentativa de organizar em padrões os elementos formalizados pelo entendimento.

Indicações culturais

> KANT para iniciantes. Disponível em: <https://www.youtube.com/watch?v=PCcH9_ZtwrY>. Acesso em: 6 jun. 2019.
> Uma série muito interessante sobre a filosofia de Kant pode ser encontrada no YouTube. *Kant para iniciantes* narra a história de uma estudante que precisa retomar alguns pontos da obra do filósofo para a realização de um concurso de bolsa de estudos e que, misteriosamente, acaba tendo encontros com o próprio autor. A série é alemã, com legendas em português.

Atividades de autoavaliação

1. Ao considerarmos a filosofia kantiana, é de grande importância ponderar a distinção que Kant faz entre o que pode e o que não pode ser conhecido. Tal distinção diz respeito aos limites de nosso conhecimento e relaciona-se de forma direta com o conteúdo de *Crítica da razão pura*. Tudo o que está além da experiência possível – que não se mostra a nós – Kant chama de *númeno*. Em contrapartida, temos o conceito de *fenômeno*. Sobre este, é correto afirmar:
   a) É composto por elementos paranormais, ou seja, elementos que se apresentam fora das regras e das leis naturais.
   b) É tudo aquilo que se mostra a mim de qualquer forma que seja. É a partir dele que realizo o processo de síntese dos conhecimentos.
   c) É um elemento que se relaciona com a "coisa em si", ou seja, está diretamente ligado àquelas coisas que são percebidas em si mesmas, sem relação alguma com o sujeito.
   d) É composto apenas por juízos metafísicos, ou seja, por elementos que ampliam nosso conhecimento e são independentes de qualquer experiência.
   e) Relaciona-se com eventos extremamente raros e exóticos da natureza, sendo quase imperceptíveis pelo sujeito.

2. A filosofia de Kant foi reconhecida na tradição ocidental como uma espécie de *revolução copernicana na filosofia*. Essa alcunha deve-se a uma característica central da teoria. Trata-se:
   a) do deslocamento do ponto central do processo de conhecimento das coisas para o sujeito.
   b) do fato de que sua filosofia dirige-se a elementos que nos permitem refazer a física e, por consequência, a astronomia.

c) do fato de que, antes de Kant, todos os filósofos apresentavam uma visão ilimitada do conhecimento humano.
d) da utilização de procedimentos científicos na análise dos fenômenos.
e) do momento histórico no qual Kant escreveu, permeado pelas novas descobertas da ciência.

3. Kant apresenta uma visão sobre tempo e espaço que se relaciona diretamente com o caráter central que o sujeito que conhece possui. Não sendo apenas passivo, o sujeito aplica aos objetos várias de suas categorias, o que permite afirmar que, de acordo com a teoria kantiana, só conhecemos no objeto aquilo que nós colocamos nele. Sobre os conceitos de *tempo* e *espaço*, é correto afirmar:
   a) São formas do entendimento, pois permitem que o sujeito tenha acesso à "coisa em si" ao enquadrá-la em parâmetros temporais e espaciais.
   b) São elementos *a posteriori* da percepção, pois, como tudo o que é conhecido, dependem da experiência do sujeito.
   c) São formas *a priori* da sensibilidade, ou seja, são anteriores à experiência e são a condição desta, formalizando o que é percebido pela sensibilidade.
   d) São elementos que existem apenas na razão do sujeito, não sendo reais, mas características da percepção em geral, tanto *a priori* quanto *a posteriori*.
   e) São alegorias criadas pelo autor para explicar noções físicas e epistemológicas relacionadas ao problema do mundo exterior.

4. A investigação de Kant inicia-se com uma problematização do estatuto da metafísica. O autor argumenta que os fundamentos da disciplina podem não ser tão simples e formula alguns questionamentos sobre a validade dos saberes que dela derivam. Assinale a alternativa que diz respeito ao elemento apresentado por Kant que aponta os juízos metafísicos como problemáticos:

   a) A metafísica lida com juízos sintéticos, ou seja, juízos que são capazes de ampliar nossos conhecimentos sobre as coisas inserindo elementos que não estavam presentes antes na própria definição dessa coisa. No caso da metafísica, além de sintéticos, esses juízos devem ser *a priori*, ou seja, ela lida com objetos que estão além da experiência, levando Kant a se perguntar sobre a possibilidade de juízos sintéticos *a priori*.

   b) A metafísica, assim como a lógica e a matemática, é um campo exclusivo da razão. Nesse sentido, os objetos sobre os quais a metafísica se debruça são intelectuais e distantes da experiência. Kant se pergunta, então, qual é o limite da relação entre metafísica e matemática, tentando tornar a primeira um mecanismo de demonstração dos objetos.

   c) O problema apresentado por Kant diz respeito, na verdade, à "coisa em si". A metafísica surge no texto kantiano apenas como mote para que a questão central de seu texto se desenvolva, a saber, a busca por uma possibilidade segura de acesso à coisa em si.

   d) Os elementos que compõem a metafísica são problemáticos em si mesmos, pois se relacionam a objetos que nem sempre existem. Por esse motivo, o aspecto abstrato da metafísica faz com que Kant tente apresentá-la da forma mais concreta possível.

   e) Na verdade, os juízos metafísicos não são apresentados por Kant como problemáticos. O grande problema proposto em sua teoria remete-se, na realidade, às noções de *espaço* e *tempo*.

5. Kant lança mão da ideia da "coisa em si". Devemos notar que esse elemento é apenas uma ideia, e não um conceito, visto que não pode ser formalizado pelo nosso conhecimento. A razão dessa impossibilidade de formalização da "coisa em si" consiste:
   a) no processo de formalização do conceito de "coisa em si", que é extremamente complexo e, considerando os limites de nosso conhecimento, não pode ser realizado por inteiro.
   b) no fato de que não temos nem podemos ter nenhum tipo de acesso à "coisa em si", visto que tudo o que percebemos são fenômenos. Nesse sentido, para que algo possa ser formalizado, deve apresentar-se a nós como fenômeno, já possuindo algo do sujeito que percebe.
   c) na "coisa em si", que não pode ser formalizada, pois é um juízo sintético *a priori*, relacionando-se apenas com questões da metafísica, por isso, sem nenhuma conexão com os objetos do conhecimento.
   d) na afirmação sobre a impossibilidade da formalização da "coisa em si", que é, na verdade, falsa. O mecanismo de percepção e sensibilidade do sujeito tem por resultado esse processo de formalização.
   e) na "coisa em si", que é uma intuição. Por isso, é dada de forma imediata e direta, sem que seja necessário nenhum tipo de formalização desse conceito.

Atividades de aprendizagem

Questões para reflexão

1. Um dos pontos mais interessantes da teoria de Kant é a apresentação das noções de *tempo* e *espaço* como pertencentes ao sujeito, e não como algo externo a ele. Isso quer dizer que tempo e espaço perdem, em certo sentido, sua autonomia como entes exteriores a nós e passam a apresentar-se como elementos que compõem nossa própria sensibilidade. Você acredita que essa modificação do papel do tempo e do espaço altera de alguma forma nossa forma de percebê-los e nossa relação com o mundo?

2. Ao limitar nosso conhecimento, Kant impossibilita teorias sobre alguns assuntos que, antes dele, a metafísica considerava-se capaz de esmiuçar. Questões como *Deus* e *alma* podem ser impossíveis de ser respondidas da forma correta se considerarmos esses limites apresentados por Kant. Qual o papel que resta à metafísica após a crítica kantiana? Escreva um breve texto sustentando sua posição.

Atividade aplicada: prática

1. Um dos principais resultados da teoria kantiana é a apresentação do conhecimento humano como algo limitado e sem a possibilidade de estender-se a qualquer objeto que se queira. Os processos que envolvem o conhecimento são sempre delimitados por regras e critérios que o filósofo nos mostra em *Crítica da razão pura*. Faça um esboço esquemático do processo de conhecimento segundo Kant, tentando frisar os elementos que se apresentam como limitantes ao processo de conhecimento. Esse esboço pode ser um esquema, um fluxograma ou mesmo um texto.

6

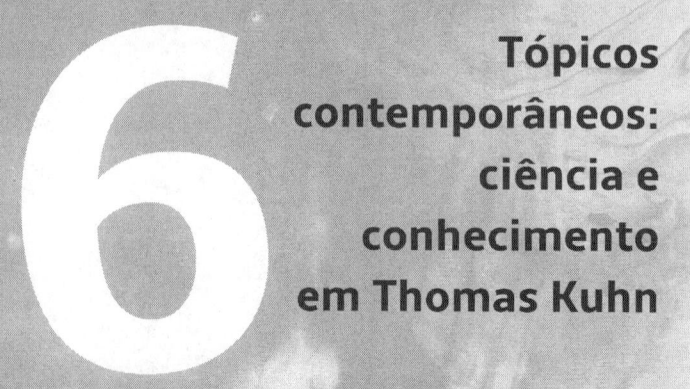

Tópicos contemporâneos: ciência e conhecimento em Thomas Kuhn

O principal objetivo do último capítulo de nosso livro é analisar a teoria de Thomas Kuhn sobre a estrutura e o desenvolvimento das ciências no decorrer da história. Investigaremos como o autor aponta um problema a partir do formato de ciência que nos é apresentado pela narrativa histórica. Kuhn sugere uma nova forma de encararmos a própria ciência. Analisaremos conceitos como *paradigma, ciência normal* e *ciência extraordinária, anomalias* e *revolução científica*, relacionando-os e contextualizando-os com a teoria de Kuhn. Faremos também uma breve incursão pela doutrina *contextualista*, apresentando uma relação entre ela e o pensamento do filósofo.

6.1
A ciência como forma de acesso ao mundo exterior

Você acompanhou, nos cinco capítulos anteriores, teorias que apresentam visões e hipóteses para lidar com uma questão central da epistemologia: o problema do mundo exterior. Consagradas pela tradição filosófica ocidental, elas se assemelham umas às outras. Ao nos fornecer hipóteses sobre como as ideias são formadas, possibilitam compreender em que medida tais ideias relacionam-se com o mundo exterior e qual nossa forma de acesso a ele.

Vamos encerrar nossas reflexões de forma um pouco diferente. Nosso interesse, agora, será ponderar sobre a produção científica, tendo como foco uma abordagem contemporânea. Podemos dizer, em certo sentido, que esta é uma seção sobre método, e não sobre metafísica.

Sendo a questão do mundo exterior central para estes *Tópicos em epistemologia*, a ciência consolidou-se, na idade contemporânea, como a principal forma de acesso a este mundo. Sustentar tal afirmação demanda admitir várias premissas. Primeiro, temos de tomar como verdadeira a possibilidade de acesso ao mundo exterior. E, considerando esse acesso, devemos acreditar que nossas ideias são, em alguma medida, cópia fiel do que existe fora de nós. O mundo exterior, portanto, seria passível de ser observado e compreendido. Não vem ao caso, aqui, comparar o estatuto da ciência contemporânea com as teorias dos filósofos modernos, o que empenharia uma obra específica. Gostaríamos, em vez disso, de apresentar o pensamento de Thomas Kuhn (1922-1996), filósofo da ciência contemporâneo que se debruça não sobre questões científicas – função própria do cientista –, mas sobre questões filosóficas que giram em torno da forma como a ciência é feita e conduzida.

O pensamento de Kuhn nos inspira a uma interessante reflexão epistemológica em questões da filosofia da ciência. Os dois campos são próximos e apresentam similaridades até mesmo terminológicas. O termo grego *episteme*, por exemplo, pode referir-se à ideia de conhecimento em geral. Entretanto, no contexto deste capítulo, devemos entendê-lo como direcionado mais especificamente às questões de conhecimento científico. Mas qual diferença podemos elencar entre conhecimento em geral, ou antes, conhecimento filosófico e conhecimento científico?

Pense a respeito

As teorias de Descartes, Berkeley, Hume, Kant e Malebranche não são teorias científicas, mas filosóficas. Ambos os tipos de teoria visam dar conta de explicar fenômenos do mundo. Afirmar, de início, que a diferença entre uma teoria filosófica e uma teoria científica reside em seu impulso inicial ou em suas motivações seria tomar o caminho errado. O que isso quer dizer? Ora, considere que o mundo não é um lugar simples. Vários fenômenos apresentam-se a nós, observadores, e tais fenômenos não são óbvios ou autoexplicativos. Nesse sentido, o próprio conhecimento é um fenômeno que precisa ser explicado por filósofos – esforço que presenciamos nos capítulos anteriores.

No entanto, existem outros fenômenos que são restritos à ciência e não pertencem ao escopo da filosofia. A física, a química, a biologia, entre outros, são campos científicos, e não filosóficos. Entretanto, o que motiva o cientista é o mesmo elemento que motiva o filósofo: a busca por uma visão de mundo. Ou, em outras palavras, a busca por um modelo que dê conta de explicar algum problema.

> Platão diz que a origem da filosofia é o **espanto**[1]. Podemos afirmar que o cientista também encontra seu ponto de partida no espanto, mas filósofo e cientista seguem por caminhos diferentes.

A filosofia é um campo do saber que, salvo raras exceções, apresenta modelos explicativos que se propõem universais. Hume, ao fazer suas afirmações sobre relações causais, não quer dizer que tais relações são da forma que ele expõe apenas em determinados contextos, mas em qualquer situação. O *cogito* cartesiano pretende ser uma verdade sempre, independentemente do contexto. A ciência, ao contrário, sempre será inscrita em contextos e situações específicas. As leis científicas são constantes – afinal são leis! –, mas dependem de **condições particulares** e de um **formato de natureza**, que é o conhecido por nós.

Outro ponto importante de distinção entre os dois campos é o fato de que a filosofia é **conceitual**, ou seja, seus objetos de estudo não são passíveis de observação e experimentação. No máximo, o que podemos fazer são experimentos mentais semelhantes aos sugeridos por Berkeley. A ciência, em contrapartida, só estabelece uma regra ou uma conclusão depois de aplicar uma metodologia e **procedimentos experimentais** extremamente específicos aos seus objetos, que, por isso mesmo, devem ser passíveis de observação. Compare, por exemplo, teorias sobre o som, que são científicas, com a teoria sobre os juízos sintéticos *a priori* kantianos, que é filosófica. Você é capaz de conceber alguma forma de experimentação em laboratório dos juízos kantianos? Por outro lado, experiências com o som são realizadas todo o tempo nos laboratórios de física espalhados pelo mundo.

---

1   *Cf.* Platão, *Teeteto* (2015).

Dessa distinção, podemos afirmar também que os objetos de estudo e as conclusões da filosofia são sempre **anteriores** àqueles da ciência. Um cientista jamais se perguntará, como fez Berkeley, se o mundo exterior é material, ou, como questionou Malebranche, se o mundo exterior é semelhante às ideias. A ciência assume como **pressuposto** que existe um mundo exterior diferente de quem o observa, e que existe uma forma de acesso a ele. Mais que isso, a ciência assume que a percepção do mundo é, de fato, equivalente à sua realidade.

Se um cientista observa que o som viaja a 340 metros por segundo, ele assume que a minha percepção dessa velocidade deriva da própria velocidade do som, e não que minhas próprias ideias me dão essa informação. No resto do mundo, o valor medido poderia ser outro. A ciência já aceita de antemão, sem questionar, uma série de conclusões questionadas e analisadas pela filosofia. Um cientista não questionará a existência do mundo real, nem se suas ideias são meras cópias. Ele apenas assumirá que é dessa forma e seguirá com seus experimentos.

O método da ciência é, portanto, embasado em **pressupostos filosóficos** aceitos sem questionamento pelo cientista. Podemos dizer, a partir do formato contemporâneo de ciência, que ela se baseia, sobretudo, em princípios que foram estabelecidos por filósofos ingleses. A Inglaterra apresenta uma tradição de filósofos empiristas, como é o caso de Hume e Locke. Além do empirismo, Francis Bacon, outro filósofo inglês, oferece-nos uma teoria sobre novas formas de fazer ciência a partir de um caráter sistemático. E o renomado Isaac Newton nos mostra a importância da observação no processo científico[2]. Temos, assim, a tríade dos princípios da ciência contemporânea: **empiria** (observação), **sistematicidade e experimentação**. Note que esses princípios, apesar de

---

2 Para mais detalhes sobre o pensamento de Newton, Locke e Bacon, veja as referências presentes na bibliografia deste livro.

estabelecidos por filósofos, aplicam-se à ciência. Para evitar confusões, podemos dizer que os filósofos criaram princípios que, posteriormente, foram utilizados por cientistas. Vale lembrar também que a divisão rigorosa entre filosofia e ciência não existia na época de Newton, Bacon e Locke. As disciplinas científicas estavam todas abrigadas sob o termo de *filosofia natural*.

Tendo estabelecido os princípios da ciência, já conhecemos alguns conceitos que serão importantes para o desenvolvimento do pensamento de Thomas Kuhn. Gostaríamos, apenas, antes de adentrar propriamente na problemática do autor, de reforçar estes pontos centrais:

- a ciência, assim como a filosofia, tem por objetivo apresentar visões explicativas do mundo e de seus fenômenos;
- a ciência atua, nessa empreitada, de forma distinta da filosofia, pois tem um método e procedimentos específicos, que pressupõem algumas conclusões da filosofia sem questioná-las – afinal, isso é papel do filósofo, não do cientista.

Podemos afirmar, então, que a ciência contemporânea é uma forma de acesso e de explicação do mundo exterior que se pauta em conceitos filosóficos.

No caso de Thomas Kuhn, sua formação e experiência profissional lhe conferiram acesso a ferramentas e materiais adequados para transitar entre os dois campos, o científico e o filosófico, com segurança e aptidão. Físico teórico de formação, abordou a história das ciências a partir de uma visão conceitual. Todo o seu pensamento fundamenta-se nessa abordagem e no sentido de problematizá-la.

Qual, afinal, é a relação possível entre filosofia e ciência, uma vez que a ciência já assume pressupostos filosóficos sem questioná-los?

É possível fazer uma abordagem histórica da ciência, apresentando seu desenvolvimento com o passar do tempo, mostrando-a como um campo linear, sequencial e cumulativo. Portanto, a história da ciência, sobretudo aquela dos manuais, mostra a ciência como um campo no qual as teorias novas são complementos, evoluções ou modificações das anteriores.

O olhar atento do cientista, que viria a ser um dos principais filósofos da ciência, conseguiu notar imperfeições e falhas ao considerar a ciência por meio dessa abordagem histórica simplista. Ao contrário do que é comumente apresentado nos manuais, Kuhn propõe em sua principal obra, *A estrutura das revoluções científicas*, uma nova concepção de ciência e uma forma interessante de concebê-la no decorrer da história, derivada de uma abordagem filosófica.

O principal caminho para essa nova proposta de abordagem está, justamente, em perceber que a história da ciência não deve ser um anedotário disposto em ordem cronológica: "Se a história fosse vista como um repositório para algo mais do que anedotas ou cronologias, poderia produzir uma transformação decisiva na imagem de ciência que atualmente nos domina" (Kuhn, 1970, p. 19). Em outras palavras, o que Kuhn combate é uma visão progressiva da ciência. Segundo ele, conhecer a ciência pelos manuais soaria como conhecer a cultura de um país por um guia de turismo.

O autor de *A estrutura das revoluções científicas* apresenta, então, uma nova proposta a partir de uma releitura da forma com que a história científica é produzida. Para isso, ele desenvolve alguns conceitos-chave, como *ciência normal, ciência extraordinária, paradigma, revolução, incomensurabilidade* e *anomalia*.

6.2
Kuhn e a crítica à história da ciência

O primeiro ponto que se deve considerar é que os manuais nos apresentam um formato de história da ciência que toma como verdadeira uma *evolução* científica. Mas será que a ciência opera, de fato, com progresso e evolução? Ou será que existem também revoluções e rompimentos?

O formato padrão da história da ciência, de visão progressiva e cumulativa do saber científico, apresenta alguns problemas. Uma vez que o historiador da ciência deve preocupar-se em mostrar o desenvolvimento e os erros da ciência, elementos que anteriormente eram tomados como científicos passam a ser, cada vez mais, considerados mitos ou misticismos. Em outras palavras: a história da ciência padrão revela a teoria X como mais moderna e adequada para explicar a realidade, em contrapartida à teoria Y, sua antecessora. A tendência é que a teoria Y seja vista como errada, falsa ou até mesmo mística, não sendo científica de fato. Porém, na época em que a teoria Y estava em voga, ela era considerada ciência.

Um exemplo histórico deixará esse problema mais evidente. Kuhn cita em *A estrutura* a teoria de Ernest Stahl, que viveu entre 1660 e 1734. Sua teoria ficou conhecida como *teoria do flogisto*, e foi uma tentativa de explicação racional e científica do processo de combustão dos corpos. No entanto, alguns componentes químicos hoje conhecidos por nós não o eram na época de Stahl. Na tentativa de dar conta de entender e explicar tal fenômeno, Stahl lançou mão de um elemento chamado *flogisto*: um corpo muito suscetível a ser queimado e que, ao pegar fogo, evaporava, sobrando apenas as cinzas. E por que cinzas não voltam a pegar fogo? Exatamente pelo fato de que seu flogisto já evaporou.

A teoria do flogisto foi levada em conta por muito tempo, até que a química evoluiu e os cientistas conseguiram entender a combustão da forma como a conhecemos hoje. Nessa passagem de uma teoria para outra, Kuhn vê problemas em afirmar que a química de hoje é científica, é correta, ao passo que a teoria que imperava antigamente é tida como falha, falsa e não científica.

> Quanto mais cuidadosamente estudam, digamos, a dinâmica aristotélica, a química flogística ou a termodinâmica calórica, tanto mais certos tornam-se de que, com um todo, as concepções de natureza outrora corrente não eram nem menos científicas, nem menos o produto da idiossincrasia do que as atualmente em voga. (Kuhn, 1970, p. 21)

Essa passagem explicita uma peça-chave da teoria de Kuhn: a teoria do flogisto não pode ser considerada não científica ou mística, pois a concepção de *natureza* na qual ela estava inscrita era diferente da que temos atualmente. Nese sentido, uma teoria que sai de voga deve ser considerada mito? Kuhn (1970, p. 21) argumenta: "Se essas crenças obsoletas devem ser chamadas de mitos, então os mitos podem ser produzidos pelos mesmos tipos de métodos e mantidos pelas mesmas razões que hoje conduzem ao conhecimento científico". Como assim? Quer dizer que não há mais divisão entre mito e ciência?

Não é isso que Kuhn nos diz. Na verdade, os manuais de ciência chamam de *mito* as teorias que não são mais aceitas – seja pelo método ultrapassado, seja pelas conclusões invalidadas. Porém, haviam sido aceitas e legitimadas como científicas na época em que foram desenvolvidas. Desse modo, trata-se de um conceito **tão científico** quanto a explicação atual. Em alguma medida – embora não totalmente –, as ciências do passado comungam algo com a ciência contemporânea. Focam nos mesmos problemas e tentam explicá-los por métodos semelhantes.

Você poderia concluir: se a ciência do passado é tão ciência como a de hoje, com elementos em comum e aplicando-se às mesmas coisas, a ciência contemporânea seria apenas uma evolução da ciência do passado? Então, a história das ciências é, de fato, progressiva e cumulativa, certo? Kuhn está se contradizendo?

Vamos tentar delimitar bem essa problemática: estamos nos perguntando sobre o progresso de quê? Ora, da ciência. Mas será que toda ciência é uma **mesma** ciência? Se a resposta a essa questão for afirmativa, teremos de aceitar que todos os métodos, todos os objetos e todas as concepções envolvidas nas teorias científicas são idênticos. Esse não é o caso. Apesar de científica, seu campo terminológico e os objetos aos quais as teorias se remetem variam no decorrer da história. Em outras palavras, de um modo bem direto, podemos dizer que a ciência de cada época lida com uma **noção diferente de** *natureza*.

Ao considerar o mundo a partir de determinado aspecto, a partir das técnicas e dos métodos disponíveis na época, o cientista construía um conjunto de elementos e conceitos que se aplicavam a um modelo padrão de natureza. Assim, quando falamos do movimento na física de Aristóteles, não nos referimos ao movimento da teoria de Newton. Esses dois movimentos são coisas completamente diferentes, pois estão inseridos em noções de natureza totalmente distintas. Kuhn (1970, p. 23, grifo nosso) nos diz que "o que diferenciou essas várias escolas não foi um ou outro insucesso do método – todas elas eram 'científicas' –, mas aquilo que chamaremos a *incomensurabilidade* de suas maneiras de ver o mundo e nele praticar a ciência".

Devemos entender por *incomensurabilidade* a característica de **não podermos comparar uma teoria com a outra**. Elas não são equivalentes, não são comensuráveis. Desse modo, faz todo o sentido dizermos que o movimento era uma coisa para Aristóteles e outra totalmente diferente para Newton. São tão distintas que não podem nem mesmo ser comparadas e medidas uma em relação à outra. Essa incomensurabilidade deriva, justamente, da variabilidade da forma de perceber e entender o mundo, de conceituá-lo. Agora, pense: É possível coadunar uma noção de ciência progressiva e cumulativa tendo em vista o conceito de incomensurabilidade? Parece-nos que não.

Podemos afirmar que, de certa forma, as explicações classificadas como ultrapassadas e inválidas nos manuais não deixam de ser científicas. As teorias do passado apresentavam determinado método e objeto. Tinham um conceito particular que se relacionava a uma noção específica de natureza, com uma forma própria de ver o mundo. Rotular essas explicações superadas como *mito* pode ser fruto de um preconceito histórico. Muito embora teorias de outras épocas também sejam consideradas ciência, elas não dialogam de forma alguma com as de hoje. Uma vez que as visões de mundo e concepções de natureza variam no decorrer da história, os conceitos com os quais cada teoria lida, como *movimento, força, energia* e tantos outros, são incomensuráveis – impossíveis, portanto, de serem comparados entre si.

A ciência não progride, propriamente falando, pois não há acúmulo de conhecimento passando de uma teoria para outra. Tampouco existe o progresso. Os manuais de história da ciência que incomodaram Kuhn em seu curso de física estão completamente equivocados ao apresentar a história da ciência como cumulativa, de acordo com esse crítico e atento estudante.

6.3
Kuhn e a noção de *paradigma*: a dinâmica do pensamento científico

Toda pesquisa científica começa com as seguintes perguntas: Quais são as entidades que compõem o mundo? Como elas se relacionam? Quais questões legítimas podem ser postas sobre elas? Quais técnicas podem ser utilizadas? Portanto, um modelo científico qualquer sempre se apresentará inserido em um contexto específico, no qual se conhecerá determinadas coisas do mundo. Assim, podemos dizer que, na época de Aristóteles, a microbiologia não poderia existir, pois os microrganismos ainda não eram conhecidos. Então, tínhamos um mundo composto por entidades diferentes das que temos hoje, ou seja, as noções de *natureza* e de *realidade* da época de Aristóteles não são as mesmas de hoje em dia.

Além de estabelecer um conjunto conceitual sobre as entidades da natureza, o cientista sempre deve ter em mente a forma como essas entidades se relacionam. Ele tentará estabelecer leis que expliquem o funcionamento das coisas naturais e, com isso, definir um limite sobre as questões que podem de fato ser feitas sobre o mundo. Por último, o cientista deve elaborar um método, formas de investigação e técnicas para responder às questões. Perceba, então, que tudo depende do contexto no qual o cientista está inserido.

Imagine uma comunidade científica 1. Nessa comunidade, o mundo é composto pelos elementos x, y e z. O cientista da comunidade 1 percebe que x se relaciona com y, mas não com z, e que z se relaciona com y, mas não com x. A partir disso, ele consegue elaborar um padrão de explicação do mundo adequado a essa concepção específica de natureza. Esse padrão de explicação é chamado por Kuhn de *paradigma*.

Com a escolha do termo (paradigma) pretendo sugerir que alguns exemplos aceitos na prática científica real – exemplos que incluem, ao mesmo tempo, lei, teoria, aplicação e instrumentação – proporcionam modelos dos quais brotam as tradições coerentes e específicas da pesquisa científica. São essas tradições que o historiador descreve com rubricas como: 'astronomia ptolomaica' (ou 'copernicana'); 'dinâmica aristotélica' (ou 'newtoniana'), 'óptica corpuscular' (ou 'óptica ondulatória'). (Kuhn, 1970, p. 54)

Um paradigma é, então, qualquer **modelo explicativo** que se sirva de leis, técnicas ou teorias para tentar **explicar o mundo**. Os paradigmas recebem, no decorrer da história, um nome – ou *rubricas*, como denomina Kuhn. A teoria newtoniana sobre o movimento é, portanto, um paradigma científico, assim como a copernicana etc.

Ao aceitarem um modelo explicativo e um padrão científico específico, os cientistas são capazes de realizar experimentos eficazes e que concordam com esse paradigma. Se considerarmos o exemplo, a comunidade científica 1 sempre conseguirá realizar os experimentos adequados que comprovem as relações e não relações entre os elementos x, y e z.

Toda a ciência realizada em conformidade com o paradigma, operando com seus critérios, suas técnicas e seus elementos, é chamada por Kuhn de *ciência normal*. Para entender melhor esse conceito, pense nos nossos dias atuais. Podemos afirmar que a física quântica é um modelo científico aceito pelos cientistas de hoje. Ela é, portanto, um paradigma. Tudo que é realizado pelos cientistas levando em conta as regras e os modelos que a física quântica propõe, bem como suas técnicas e objetos, é *ciência normal*. A ciência normal deve, então, estar **de acordo com o paradigma** no qual está inserida e do qual depende.

Em determinado momento da história, contudo, um cientista da nossa hipotética comunidade 1 descobre um elemento novo que até então não tinha sido observado. Considere que é o elemento w. Ora, o paradigma no qual esse cientista está inserido e considera apenas os elementos x, y e z – afinal, a noção de *natureza* com a qual ele trabalha é composta apenas por esses elementos. No entanto, eis um w para desafiar os pressupostos da ciência normal.

Ao tentar entender um elemento recém-descoberto, o cientista percebe que ele se relaciona de forma diferente com os outros. Por isso não reage aos métodos, às técnicas e aos experimentos com os quais trabalha a comunidade 1. Anuncia-se um momento de **crise** no paradigma da comunidade 1, pois ela se depara com um fato que está além de suas capacidades, totalmente incompatível com suas técnicas. Essa tensão é nomeada por Kuhn de *anomalia* – fruto de uma **novidade recém-inserida no paradigma** e que não encontra lugar nele, uma vez que suas características são totalmente incompatíveis com os elementos já conhecidos.

Perceba que a ciência normal pode ser cumulativa sem problemas. Nos limites de um paradigma, território no qual se desenvolve a ciência normal, os cientistas podem somar descobertas, aumentar seu instrumental, elaborar novas técnicas etc. Isso é possível porque todos os elementos de um mesmo paradigma são mensuráveis. Entretanto, o que ocorre quando o cientista da comunidade 1 se depara com a anomalia? Obviamente, ele tentará dar conta de aplicar seu paradigma a ela. Quando o atual paradigma é incapaz de lidar com a anomalia que desencadeou a crise, temos uma *revolução*. A revolução na ciência da comunidade 1 fará com que um **novo paradigma** seja proposto. Afinal, é preciso que as técnicas, a visão de natureza e os métodos sejam capazes de dar conta de explicar e enquadrar o elemento w descoberto pelo nosso cientista imaginário.

A mudança de paradigma implicará uma **modificação conceitual** radical na comunidade 1 – alteração de sentido, de conceitos e da própria concepção de *natureza*. Podemos dizer, então, que nesse novo paradigma a natureza é diferente. Agora, inclui-se o elemento *w*. Em uma passagem de *A estrutura*, podemos ler uma síntese dessa história hipotética que estamos contando:

> A ciência normal, atividade na qual a maioria dos cientistas emprega inevitavelmente quase todo seu tempo, é baseada no pressuposto de que a comunidade científica sabe como é o mundo. [...] Algumas vezes um problema comum, que deveria ser resolvido por meio de regras e procedimentos conhecidos, resiste ao ataque violento e reiterado dos membros mais hábeis do grupo em cuja área de competência ele ocorre. Em outras ocasiões, uma peça de equipamento, projetada e construída para fins de pesquisa normal, não funciona segundo a maneira antecipada, revelando uma anomalia [...]. Desta e de outras maneiras, a ciência normal desorienta-se seguidamente. E quando isto ocorre – isto é, quando os membros da profissão não podem mais esquivar-se das anomalias que subvertem a tradição existente da prática científica – então começam as investigações Extraordinárias [...]. (Kuhn, 1970, p. 24)

Essa passagem retrata os vários momentos pelos quais nosso cientista da comunidade 1 passou. Veja que, durante os trabalhos da ciência normal, ele operava com os pressupostos e os conceitos do paradigma vigente. Considerava o mundo composto apenas por x, y e z. Parafraseando Kuhn, ele "sabia como era o mundo". Mas, ao se deparar com uma anomalia, não conseguiu lidar com ela a partir de sua ciência normal, adequada ao paradigma vigente Começou, então, a desenvolver investigações, que Kuhn nomeou na passagem anterior de *extraordinárias*. Podemos considerar tais investigações como **experimentais** em seu sentido mais puro, ou seja, o cientista começa a aplicar critérios e técnicas que estavam fora de seu paradigma. Se os experimentos forem exitosos, a comunidade científica substituirá o atual paradigma. Outra visão de mundo seria aceita. Os dois paradigmas não eram equivalentes nem comparáveis entre si, portanto, a mudança de paradigma da comunidade não pode ser cumulativa nem progressiva.

Considerando esse processo de forma esquemática, teríamos o seguinte:

- Conjunto conceitual/PARADIGMA 1 – formas de conceber o mundo.
- Repetição de experimentos embasados no conjunto conceitual 1.
- Comprovação do conjunto conceitual 1 e da interação de seus elementos.
- Estabelecimento do método 1 e da técnica 1.
- Desenvolvimento da ciência normal pautada em 1 (cumulativa).
- FALHA NO PROCEDIMENTO/MÉTODO/TÉCNICA.
- Anomalia: novos elementos não presentes em 1.
- CRISE: novas relações e desorientação da ciência normal.
- Ciência extraordinária: REVOLUÇÃO – Novas formas de ver o mundo.
- Novo conjunto conceitual/PARADIGMA 2.

Se aplicarmos essa leitura aos cientistas e às descobertas, certamente vamos entender a proposta de Kuhn com mais clareza. Convidamos você a consultar algum manual de história da ciência sob a perspectiva de *A estrutura das revoluções científicas*. Com certeza, você será capaz de perceber que o mundo de Einstein e os elementos com os quais ele trabalhou são totalmente diferentes dos de Newton e de Aristóteles. Um postulado da relatividade, como a deformação do espaço/tempo, por exemplo, não faria o menor sentido mesmo para o mais erudito estudioso da natureza da Grécia Antiga. Ao mesmo tempo, se você pesquisar sobre a teoria das cordas, verá que ela é, na verdade, uma tentativa de adequar anomalias encontradas na própria teoria da relatividade, concebendo uma nova visão de mundo e, quem sabe, um novo paradigma.

6.4
Contextualismo e ciência

A teoria de Kuhn, apesar de extremamente lúcida e coerente, pode conter elementos que dão margem a acusações. Ela parece flertar com uma classificação extremamente temida na filosofia, abrindo brechas para ser rotulada como *relativista*.

Tal classificação é algo problemática. Ao aceitar que uma teoria é relativista, acaba-se afrouxando os critérios, por assim dizer, e as regras pelas quais aceitamos a verdade de algo – incluindo aí essa própria teoria – tornam-se obscuras e variáveis. É possível, então, manobrar as posições e até deformar as teorias.

Preste atenção!

> Se eu acuso uma teoria de ser relativista, estou afirmando que ela não apresenta critérios firmes, diretos e objetivos para validar os elementos propostos ou verificar sua própria validade. A título de exemplo, por mais simplista que seja, pense que um filósofo qualquer postula que a noção de conhecimento varia de acordo com a opinião de cada indivíduo. Apelar para a própria opinião não basta como critério, não dá segurança alguma para quem argumenta. Como poderíamos verificar qual a opinião correta? Por isso, são necessários outros critérios para verificar posições e teorias.

Será que *A estrutura das revoluções científicas* bastaria para classificar seu autor como relativista? Ele afirma, basicamente, que a ciência varia no decorrer da história. Toda a discussão começou ao se deparar com uma visão extremamente problemática da história das ciências, apresentada nos manuais. Estes, lembremos, apresentam os movimentos científicos como cumulativos e progressivos. Portanto, os manuais nos dão a entender que cada descoberta e teoria são necessariamente um progresso do conhecimento anterior, dependente e acumulado a partir deste.

Kuhn nos mostrou que, na verdade, cada ciência está inserida em um paradigma específico. Cada momento histórico é dependente de um modelo de explicação que tem técnicas, ferramentas, visão de mundo e conjunto conceitual próprios. Em outras palavras, podemos afirmar que cada paradigma é resultado de um **contexto histórico, técnico e cultural específico.**

O **contextualismo** é uma teoria que, geralmente, aplica-se a questões da pedagogia, mas também pode ser aplicado ao nosso tema, a epistemologia. Se você relembrar o que discutimos no capítulo sobre Hume, verá que Gettier trabalha com uma definição específica de conhecimento: uma crença que concorda com a realidade (verdadeira) e é passível de justificação. Ora, as teorias contextualistas afirmam que o contexto no qual o indivíduo está inserido atua de forma decisiva para o conhecimento, fornecendo alguns critérios para esse processo. O contexto pode, inclusive, ser fundamento de justificativa. Mais que isso, o contextualismo parece útil na tentativa de resolver um problema colocado pelos céticos: todo conhecimento, para ser caracterizado como tal, precisa de justificativa. Suponha que faço a afirmação A. Se for conhecimento, a afirmação A precisa ser justificada. Para tanto, dou a justificativa J. Se a justificativa J for correta, ou seja, se ela também for conhecimento, preciso também justificá-la. Então, lanço mão da justificativa J1, que, por sua vez, apresenta-se com as mesmas exigências de J, o que me leva a lançar mão da justificativa J2, e assim ao infinito.

Esse problema levantado pelos céticos revela que toda justificativa, se for válida, precisa também ser justificada, o que nos encaminharia para um ciclo sem fim, que jamais conseguiria validar conhecimento algum.

O contextualismo permite eliminar esse ciclo sem fim afirmando que o próprio contexto justifica o conhecimento em última instância, sem a necessidade de ficarmos buscando mais e mais justificativas.

Aqui, há uma primeira e significativa distinção entre contextualismo e relativismo. O primeiro opera contra os argumentos céticos, ou seja, garante algo como certo, mesmo inserido em determinados contextos. Uma posição relativista, ao contrário, dá margem ao ceticismo, sendo, inclusive, um dos tipos clássicos de argumentos céticos.

Em nossa tentativa de afastar Kuhn da pecha de *relativista*, percebemos que sua teoria parece enquadrar-se em um modelo epistêmico que considera um contexto integrante da formação do paradigma. Justamente por isso não é um relativismo. Há critérios que estipulam as verdades nesse contexto. Sendo aceito pela comunidade, não é meramente arbitrário: postula uma noção de verdade, uma ideia de natureza e um conjunto conceitual determinado.

Toda a ciência normal é direcionada por elementos que a moldam e a enquadram em determinadas regras, que devem ser gerais a todos os membros da comunidade científica. O fato de esses elementos fazerem sentido apenas em seu contexto, ou dependerem deste, não faz com que seja variável. Pois, quando varia o contexto, já é outro. Estamos tentando demonstrar que existe, em Kuhn, um **elemento determinante** e forte a reger os paradigmas. Os critérios não são soltos como os de posições relativistas, se é que podemos falar que tais posições apresentam critérios.

A relação entre a teoria de Kuhn e o contextualismo mereceria um trabalho específico. Aqui, vamos demonstrar apenas que o pensamento kuhniano encaixa muito bem no contextualismo. Com esse breve esboço, acreditamos ter conseguido afastar as acusações de relativismo tanto da teoria de Kuhn quanto das explicações contextualistas em geral.

Para completar a exposição, gostaríamos de frisar alguns detalhes sobre o contextualismo. Nós o apresentamos em relação à teoria de Kuhn sobre o formato da ciência, mas explicações contextualistas podem aparecer, de forma adequada, em diversas outras áreas da epistemologia. Por exemplo, em debates sobre o conhecimento em geral, não apenas científico. A relação entre o contextualismo e o problema de Gettier, citada por nós, é uma amostra de um choque de ideias com capacidade para produzir discussões relevantes e frutíferas.

Dizemos isso porque dois dos principais pontos das teorias epistemológicas são o fundamento e a justificativa dos saberes. O mundo exterior é a questão que, por assim dizer, nos dá o "cenário" no qual serão conduzidas as diversas tentativas de explicação e a solução do problema. Mas os problemas epistemológicos, de modo geral, podem estender-se para além dessa questão. As discussões contemporâneas, por exemplo, podem dirigir-se a problemas que giram em torno do conhecimento em si mesmo, independentemente da questão do mundo exterior. A metafísica, a lógica e a filosofia da linguagem são territórios adequados para esse novo jogo. Assim, ao colocarmos a questão do mundo exterior como ponto central, em torno do qual orbitam as teorias discutidas aqui, utilizamos esse ponto como pano de fundo para uma profunda discussão sobre a justificativa e o fundamento do conhecimento.

6.5
A relação entre saber, ciência e conhecimento

Vamos aproveitar a última seção deste livro para explorar um pouco mais a relação entre Kuhn e alguns temas da epistemologia. Em outras palavras, gostaríamos de desdobrar melhor nossa escolha por apresentar um tema da filosofia da ciência contemporânea logo em seguida a debates modernos sobre a formação das ideias e as formas de acesso ao mundo exterior.

Reunir as teorias de Descartes, Malebranche, Berkeley, Hume e Kant em uma mesma categoria não parece algo dificultoso. De certa maneira, todos esses autores parecem referir-se a um mesmo objeto em seus textos: o conhecimento. Claro que cada teoria tem suas nuances, suas características próprias, bem como um conjunto conceitual e uma forma própria de tratar do assunto. Não nos seria lícito, em hipótese alguma, negligenciar tais características dos pensadores. Queremos apenas evidenciar que existem elementos comuns entre eles, tais como ideia, pensamento, sensibilidade etc.

Nesse sentido, a presença de um filósofo da ciência pode parecer destoante. Contudo, se considerarmos de forma adequada o que é a ciência, notaremos que ela não se afasta tanto desses autores. Em primeiro lugar, poderíamos afirmar que Kant, Descartes e outros pensadores também se interessavam muito por ciência, sendo eles próprios cientistas. Lembremos que filosofia e ciência ainda não estavam totalmente separados. Entretanto, esse caminho não nos parece o mais convincente para justificar a relação entre filosofia da ciência e epistemologia. A direção que gostaríamos de tomar é aquela que encara a ciência como uma forma de acesso ao mundo. Parece-nos que a ciência pode muito bem ser entendida como uma atividade que tem por fim a compreensão, a explicação e a investigação do mundo exterior, se nos atermos às ciências da natureza – à física, à biologia e à química.

Um pensador que estuda a ciência, portanto, em muito se assemelha ao pensador que estuda o próprio conhecimento, na medida em que a ciência é uma forma de acesso ao mundo. É claro que, no caso da ciência, algumas questões ficam à parte da discussão, como a validade da empiria, do mecanismo da formação de nossas ideias e de nosso pensamento. Exceção feita ao campo da psicologia, é claro.

A forma como a ciência contemporânea apresenta-se nos induz a considerar esses assuntos como superados. Muito raramente um cientista se perguntará se o que vê é fruto das impressões sensíveis causadas pelos objetos em seus sentidos ou se é, na verdade, Deus que está criando essas ideias nele. O cientista partirá apenas do fato de que percebe as coisas e, dessa percepção, delineará sua proposta interpretativa. Por outro lado, a ciência em si mesma é uma forma de ver o mundo. Podemos, em alguma medida, colocar lado a lado a teoria cartesiana, a discussão sobre os juízos sintéticos e analíticos de Kant e a ciência. Todos são ofertas de explicação do mundo e de nossa relação com ele.

Um filósofo que pensa a ciência não parece afastar-se muito de um filósofo que pensa os outros aspectos do conhecimento. Se Hume analisa nossa forma de conhecer, Thomas Kuhn aparenta fazer o mesmo ao apresentar uma alternativa sobre os modos pelos quais devemos entender a ciência no decorrer da história. Falar sobre ciência é falar sobre nossa forma predominante de conhecer o mundo.

Síntese

Encerramos este ciclo de estudos dedicando-nos à relação entre a filosofia da ciência e às discussões sobre epistemologia, bem como ao pensamento de Thomas Kuhn sobre a ciência. Vimos que seu interesse sobre o assunto surgiu a partir da constatação de que os manuais de história da ciência geralmente a apresentam como uma sucessão de descobertas cumulativas e progressivas.

Kuhn aponta na direção oposta: cada modificação nas teorias científicas é autônoma e independente das ciências anteriores. O filósofo justifica sua posição a partir do conceito de *paradigma*. Cada teoria científica está inserida em um modelo de explicação, que é único e independente dos outros ao considerar um conjunto de métodos, ferramentas e conceitos específicos. Portanto, cada paradigma tem sua visão de mundo. Apesar de a ciência normal ser feita em conformidade com o paradigma, em dado momento, pode ocorrer o que Kuhn chama de *anomalia*. Esta levará o cientista a praticar uma *ciência extraordinária*, na tentativa de dar conta de problemas que se impõem sobre o paradigma atual. O resultado desse processo é a mudança de paradigma e a inserção de novos métodos, conceitos e ferramentas. Há, também, uma possibilidade de afastar a teoria de Kuhn da acusação de relativista por meio da apresentação e discussão do conceito de *contextualismo*.

Indicações culturais

GREENE, B. **O universo elegante**. São Paulo: Companhia das Letras, 2001.
Sugerimos a leitura de uma obra de Brian Greene, físico e professor norte-americano, intitulada *O universo elegante*. O autor apresenta, de forma extremamente bem-humorada e didática, noções iniciais sobre a teoria da relatividade, física quântica,

as eventuais incompatibilidades entre essas teorias e a teoria das cordas como novo paradigma da física contemporânea. Esse livro é um exemplo concreto da modificação de paradigmas e processos comentanda por Thomas Kuhn.

COSMOS: uma odisseia do espaço-tempo. Direção: Brannon Braga, Bill Pope e Ann Druyan. EUA, 2014. Documentário.

Quando o assunto é ciência, torna-se inevitável recomendar a belíssima série documental *Cosmos*, apresentada por Neil DeGrasse Tyson, um dos mais conhecidos cientistas divulgadores da ciência na atualidade. A série retrata, de forma apaixonada, as descobertas da astronomia, da astrofísica e da biologia, ao mesmo tempo em que oferece uma perspectiva única do universo e de nosso lugar nele.

Atividades de autoavaliação

1. A teoria de Thomas Kuhn, apesar de ter de natureza diferente daquelas de Descartes, Berkeley e Hume, destaca-se quando a questão é o mundo exterior. Se os três autores modernos nos apresentam noções sobre a formação das ideias e a mecânica de nossos pensamentos, Kuhn fala sobre ciência e a forma correta de encararmos seu desenvolvimento na história. Entretanto, apesar dessa natureza distinta, ainda assim podemos citar a teoria de Kuhn entre as teorias de interesse epistemológico. Qual razão nos permite aceitar a teoria de Kuhn como relevante para o problema do mundo exterior?
    a) A teoria de Kuhn sugere elementos que, quando relacionados àqueles dos filósofos modernos, completam suas teorias sobre a formação de nossas ideias.
    b) A filosofia da ciência de Thomas Kuhn apresenta-se como contraponto às teorias científicas de Descartes e Hume, resultado de suas investigações epistemológicas.

c) A teoria de Kuhn apresenta uma perspectiva de entendermos a ciência, uma das principais formas de investigação e de acesso ao mundo exterior na era contemporânea.

d) A teoria de Kuhn, na verdade, tem por pano de fundo preocupações sobre os limites de nosso pensamento e da formação de nossas ideias. Nesse sentido, ela em nada difere das teorias dos autores modernos.

e) A teoria de Kuhn apresenta interesse histórico e de mera erudição, o que basta para justificar sua presença em uma obra sobre filosofia.

2. Thomas Kuhn apresenta, em *A estrutura das revoluções científicas*, uma série de conceitos importantes para entendermos sua teoria. Entre tais conceitos, o autor alude à *ciência normal* e à *ciência extraordinária*. Qual a diferença entre elas?

a) A ciência normal leva em conta todos os elementos do paradigma no qual ela está inserida, e a ciência extraordinária é realizada após a constatação das anomalias, inserindo novos elementos e modificando o paradigma.

b) A ciência normal é reconhecida pela comunidade científica e aceita pela sociedade, e a ciência extraordinária é realizada em segredo ou, muitas vezes, de forma clandestina.

c) A ciência normal tem por objeto elementos naturais, como a física, a química e a astronomia, e a ciência extraordinária dirige-se a elementos sobrenaturais, como alquimia, astrologia etc.

d) A ciência normal é apenas uma subdivisão da ciência extraordinária, sendo as duas, rigorosamente, a mesma coisa.

e) A ciência normal é aquela que, na grande maioria das vezes, é exitosa e bem-sucedida em seus experimentos, e a ciência extraordinária é aquela que geralmente falha.

3. Uma conclusão importante da obra *A estrutura das revoluções científicas* é a de que a ciência não pode ser cumulativa ou progressiva. Ao contrário: trabalha sempre com rompimentos, revoluções. Sobre essa característica da ciência, tal como proposta por Kuhn, é correto afirmar:
   a) O acúmulo de conhecimento científico é impossível, pois a ciência existe há muitos anos. Se todo o conhecimento fosse acumulado, nenhum cientista seria capaz de fazer ciência em razão da extensão do conteúdo.
   b) Cada teoria apresenta-se inserida em um paradigma específico. Portanto, cada teoria opera com um conjunto de conceitos e uma visão de mundo particulares, o que acaba por impossibilitar o diálogo ou a progressão de uma teoria para outra.
   c) As revoluções científicas, bem como as modificações das teorias, são sempre impulsionadas por elementos políticos e sociais, assim como as revoluções dos costumes das sociedades.
   d) O diálogo entre os diferentes paradigmas é possível, mas não é interessante ao cientista. Ao isolar as teorias anteriores, o pesquisador é capaz de garantir um lugar na história para a ciência extraordinária realizada por ele.
   e) O conceito de *revolução* remete para além do campo da ciência, o que nos leva a pensar em elementos políticos e ideológicos e em sua importância no contexto científico.

4. O conceito de *incomensurabilidade* é outro conceito-chave presente na teoria de Thomas Kuhn. Ele se remete à impossibilidade de comparação entre diferentes:
   a) pensamentos filosóficos.
   b) experimentos na ciência normal.
   c) momentos históricos.

d) paradigmas.
e) revoluções.

5. Ao considerar o movimento histórico e apresentar a ciência como circunscrita a um conjunto conceitual específico, Thomas Kuhn corre o risco de ser acusado de *relativista*. Entretanto, explicações contextualistas enquadram-se bem ao modelo de teoria proposto por Kuhn, o que permite considerá-lo como *contextualista*. Quais elementos diferenciam o contextualismo de um mero relativismo?
   a) O contextualismo e o relativismo são, na verdade, a mesma coisa.
   b) O contextualismo apresenta o contexto histórico e social como critérios específicos, e o relativismo não apresenta critérios específicos.
   c) O contextualismo apresenta uma variação de critérios de acordo com a opinião, e o relativismo pauta-se em teorias científicas.
   d) O contextualismo apresenta o contexto histórico e social como critério, e o relativismo pauta-se apenas nas observações dos cientistas.
   e) O contextualismo aplica-se necessariamente a conceitos filosóficos, e o relativismo aplica-se a conceitos da pedagogia e das ciências.

Atividades de aprendizagem

Questões para reflexão

1. O contextualismo apresenta-se como uma alternativa de classificação para o pensamento de Kuhn sobre a ciência, livrando-o da acusação de relativista. Qual é o perigo de considerar uma teoria como relativista? Considerando a ausência de critérios e o recurso à opinião, reflita sobre o relativismo, tentando encontrar os motivos pelos quais ele impossibilita uma teoria de se sustentar da forma adequada.

2. *A estrutura das revoluções científicas,* obra de Thomas Kuhn, apresenta uma visão de ciência que não pode ser cumulativa, tem elementos incomensuráveis e incomparáveis com os das teorias anteriores e desenvolve-se na história a partir de rompimentos. Você acha que essa nova forma de conceber a ciência altera significativamente esse campo? Em outras palavras, a teoria de Kuhn diz algo ao cientista ou apenas ao filósofo?

Atividade aplicada: prática

1. O principal alvo de Thomas Kuhn são os manuais de história da ciência, desses que você encontra facilmente em qualquer biblioteca. Consulte alguns deles e tente encontrar ali os problemas apresentados por Kuhn. Verifique se, de fato, esses livros apresentam o conhecimento científico como cumulativo e progressivo. Liste alguns exemplos encontrados em sua pesquisa.

considerações finais

Encerramos nossa incursão pelo problema do mundo exterior. Longe de termos esgotado o assunto ou dado conta de todos os seus aspectos, apenas percorremos a obra de alguns dos grandes nomes que se debruçaram sobre esse tema tão caro à epistemologia. Nosso objetivo foi o de familiarizar o leitor com o teor da discussão, os problemas aos quais ela se remete e as formas de proceder e argumentar dos filósofos. Agora, você está mais próximo da prática filosófica, não apenas no que se refere a esse tema, mas também com relação à disciplina como um todo.

Podemos afirmar, portanto, que obtivemos um duplo resultado ao percorrer as páginas deste livro: o primeiro foi dar conta de algumas das principais teorias filosóficas sobre a formação, a fundamentação e a validade de nossos conhecimentos e ideias, sobretudo no que diz respeito ao problema do mundo exterior. Esse primeiro resultado terá sido possível, acreditamos, a partir de nossos estudos detidos no pensamento de Descartes, Malebranche, Berkeley, Hume, Kant e Kuhn, cada qual oferecendo uma forma de entender o fenômeno do conhecimento.

O segundo resultado obtido é formal, mas não menos importante. O estudo e a prática filosófica exercitam a dúvida e a investigação sobre as coisas que nos cercam. Vale lembrar que o principal motor da filosofia é a dúvida, e não as respostas.

Ao analisar a *forma* pela qual os filósofos defendem suas teorias e as razões postuladas por eles para estabelecer suas visões de mundo, tivemos a chance de exercitar nosso pensamento e senso crítico, questionando e discordando da argumentação. Por vezes, também nos dobramos às exposições, aceitando as palavras dos pensadores como verdadeiras. Acreditamos que a grande importância da filosofia está aí: treinar nosso espírito para questionar, de forma lógica e racional, aquilo que nos é apresentado, em vez de apenas montar um repertório aleatório de opiniões contrárias, diversas e variadas. Eis um possível conceito de senso crítico!

Por fim, gostaríamos de salientar o papel desbravador deste livro. Por meio do contato com as teorias apresentadas aqui, acreditamos que você terá meios de se orientar em futuras pesquisas e leituras relacionadas à temática. Se for esse o caso, recomendamos sempre, como fonte mais salutar e importante, a leitura dos clássicos – documentos textuais nos quais, certamente, as teorias e discussões são encontradas em suas formas mais puras, fidedignas e abrangentes.

referências

ABBAGNANO, N. Dicionário de filosofia. São Paulo: M. Fontes, 2007.

BACON, F. Novum Organum ou verdadeiras indicações acerca da interpretação da natureza. São Paulo: Abril Cultural, 1984. (Coleção Os Pensadores).

BERKELEY, G. Obras filosóficas. São Paulo: Ed. da Unesp, 2008.

CAYGILL, H. Dicionário Kant. Rio de Janeiro: Zahar, 2000.

CHAUI, M. **Convite à filosofia**. São Paulo: Ática, 2010a.

_____. **Iniciação à filosofia**. São Paulo: Ática, 2010b.

DESCARTES, R. **Discurso do método**. São Paulo: Abril Cultural, 1983a. (Coleção Os Pensadores).

_____. **Meditações metafísicas**. São Paulo: Abril Cultural, 1983b. (Coleção Os Pensadores).

FIGUEIREDO, V. et al. **Seis filósofos na sala de aula**. São Paulo: Berlendis & Vertecchia, 2006.

GETTIER, E. Is Justified True Belief Knowledge? Analysis, v. 23, n. 6, p. 121-123, June 1963. Disponível em: <https://www.csus.edu/indiv/m/merlinos/pdf/gettier1963.pdf>. Acesso em: 8 jun. 2019.

GREENE, B. **O universo elegante**. São Paulo: Companhia das Letras, 2001.

HUME, D. **Ensaios morais, políticos e literários**. São Paulo: Abril Cultural, 1973a. (Coleção Os Pensadores).

_____. **Investigação sobre o entendimento humano**. São Paulo: Abril Cultural, 1973b. (Coleção Os Pensadores).

_____. **Tratado da natureza humana**. São Paulo: Ed. da Unesp, 2009.

KANT, I. **Crítica da faculdade do juízo**. São Paulo: Forense Universitária, 1995.

_____. **Crítica da razão prática**. Petrópolis: Vozes, 2016.

_____. **Crítica da razão pura**. São Paulo: Abril Cultural, 1974. (Coleção Os Pensadores).

_____. **Prolegômenos a toda metafísica futura**. Lisboa: Edições 70, 2003.

KUHN, T. **A estrutura das revoluções científicas**. São Paulo: Perspectiva, 1970.

LOCKE, J. **Ensaio sobre o entendimento humano**. São Paulo: Abril Cultural, 1973. (Coleção Os Pensadores).

MALEBRANCHE, N. A busca da verdade: textos escolhidos.
São Paulo: Discurso Editorial/Paulus, 2004.

NEWTON, I. **Princípios matemáticos da filosofia natural.**
São Paulo: Abril Cultural, 1974. (Coleção Os Pensadores).

PLATÃO. Teeteto. Lisboa: Fundação Calouste Gulbenkian, 2015.

VOLTAIRE. **Tratado de metafísica.** São Paulo: Abril Cultural, 1973.
(Coleção Os Pensadores).

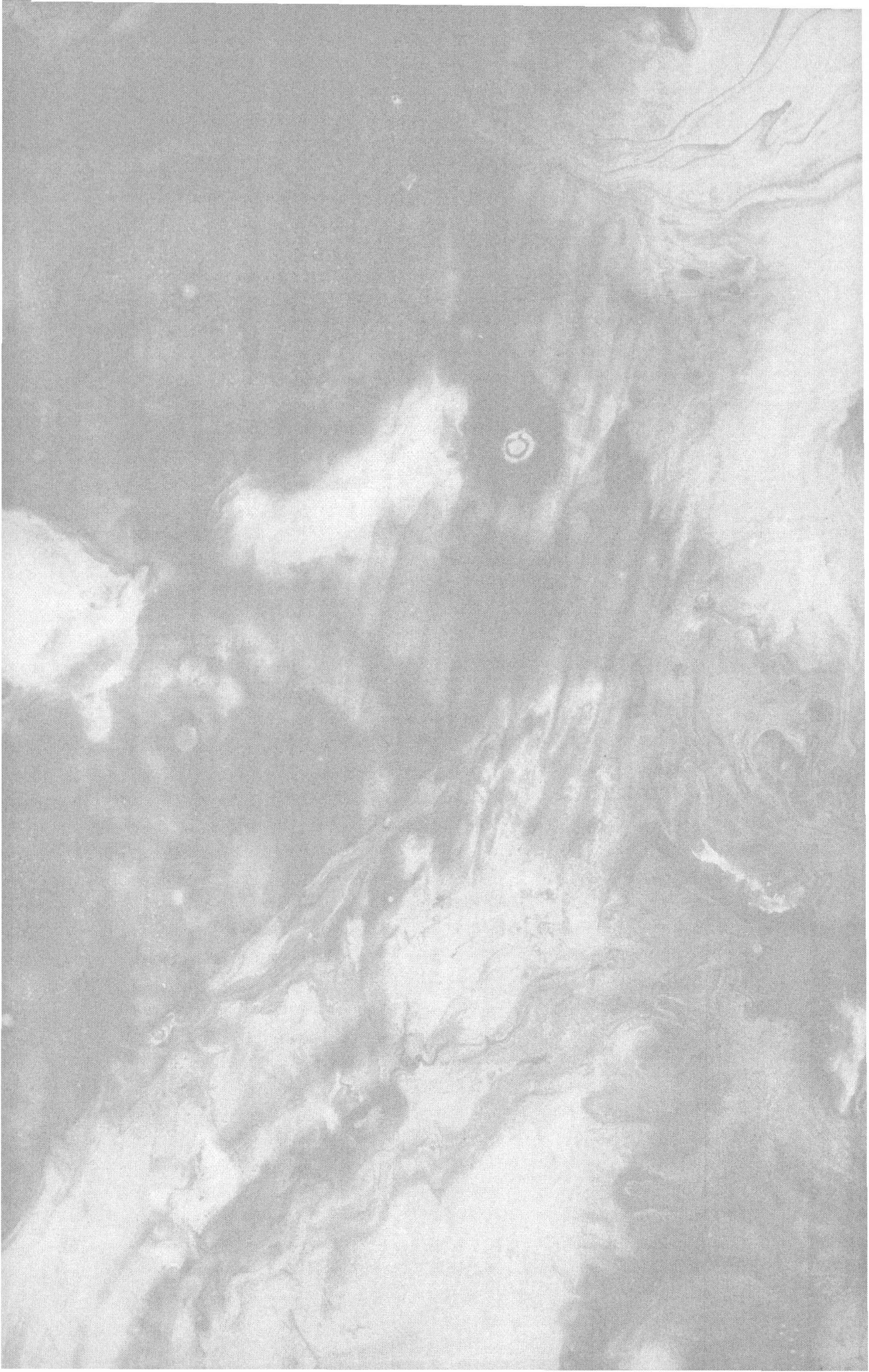

bibliografia comentada

ABBAGNANO, N. Dicionário de filosofia. São Paulo: M. Fontes, 2007.

Um interessante dicionário dos principais temas da história da filosofia, apresentados em seus contextos de uso e elaboração. Esse dicionário não é uma obra crítica, ou seja, os verbetes apresentam-se de forma neutra, sem que o autor exponha comentários sobre eles. Ótima ferramenta para introduzir ou esclarecer temas centrais da filosofia.

CAYGILL, H. **Dicionário Kant**. Rio de Janeiro: Zahar, 2000.

Tendo em vista a dificuldade inerente à filosofia kantiana, consideramos adequado sugerir um dicionário específico dos conceitos da filosofia do autor. O *Dicionário Kant*, de Caygill, é uma ótima obra de referência e funciona como um bom manual para desbravar os temas do autor da *Crítica da razão pura*.

CHAUI, M. **Convite à filosofia**. São Paulo: Ática, 2010.

Essa obra apresenta uma ampla introdução a vários dos temas centrais da filosofia, e, em especial, questões sobre epistemologia, abordando autores trabalhados neste livro. Material de extrema utilidade quando o objetivo é direcionar o leitor para reflexões complementares às desenvolvidas nestes *Tópicos em epistemologia*.

FIGUEIREDO, V. et al. **Seis filósofos na sala de aula**. São Paulo: Berlendis & Vertecchia, 2006.

Obra de caráter introdutório sobre o pensamento de seis importantes filósofos, entre eles Descartes e Kant. A abordagem desse livro é extremamente didática. Será muito útil para leitores que desejam mais explicações ou esclarecimentos sobre as teorias cartesiana e kantiana.

respostas

CAPÍTULO 1

Atividades de autoavaliação

1. b
2. a
3. d

4. c
5. d

Atividades de aprendizagem

Questões para reflexão

1. Para bem elaborar essa reflexão, é preciso apresentar exemplos de experiências do cotidiano, mostrando momentos ou eventos nos quais os erros dos sentidos conduzem a conclusões falsas sobre as coisas. A análise deverá remeter-se aos argumentos cartesianos que opõem sentidos à razão, mostrando que, na verdade, segundo o autor, o que nos permite conhecer de fato é a razão.
2. Internamente à filosofia de Descartes, o *cogito* apresenta-se como uma verdade indubitável e impossível de ser falseada. Essa verdade é tão bem estruturada em *Meditações* que se mantém como certa durante muito tempo no decorrer da história da filosofia. Uma boa reflexão a essa questão deverá mostrar que essa certeza é, de fato, muito forte e apresentar ponderações sobre ela, mostrando que, no interior da filosofia cartesiana, não há argumentos que a contrariem ou falsifiquem.

CAPÍTULO 2

Atividades de autoavaliação

1. c
2. a
3. a
4. d
5. b

Atividades de aprendizagem

Questões para reflexão

1. Tendo em vista que a demonstração só opera em questões matemáticas e geométricas, é possível dizer que ela opera sempre a partir do princípio de não contradição, ou seja, toda demonstração, quando verdadeira, não pode nem mesmo dar a possibilidade de pensarmos seu contrário. Bons exemplos de sentenças que expressam um conteúdo demonstrativo são: "todo triângulo tem três lados" ou "dois mais dois é igual a quatro". Assim, todo juízo filosófico – exceto aqueles da lógica, que também são demonstrativos – sempre tem seu contrário como possível. É viável pensar o contrário de alguma afirmação metafísica, por exemplo. Como a demonstração não pode ser o critério, filosofias como a de Malebranche pautam-se – racionalmente, é claro – nas posições que se sustentam com menor número de dificuldades, o que chamamos de *verossimilhança*. Tal postura é segura, pois permite desenvolver raciocínios e apresentar conclusões que dão conta de sanar as dúvidas e resolver os problemas filosóficos propostos.

2. A reflexão, aqui, deve apresentar cada uma das hipóteses do autor sobre a formação de nossas ideias, mostrando seus argumentos e limites. Depois, será preciso apontar as falhas de cada uma das quatro primeiras hipóteses, que são: a) os corpos materiais causam impressões em nossa alma; b) nossa alma produz por si mesma as ideias que representam as coisas; c) as ideias são inatas; d) a alma tem, em si mesma, todas as perfeições que percebe nos corpos. A hipótese da visão em Deus deverá ser comentada. A opinião pessoal poderá ser considerada, até mesmo se contrariar a teoria de Malebranche, desde que defendida de forma coerente.

CAPÍTULO 3

Atividades de autoavaliação

1. d
2. c
3. a
4. b
5. a

Atividades de aprendizagem

Questões para reflexão

1. Essa questão exige uma experiência mental, portanto, a resposta será pessoal. É necessário apresentar essa experiência com base nos argumentos de Berkeley. A experiência pessoal deverá adotar como parâmetros, portanto, os elementos discutidos no Capítulo 3, sobretudo as ponderações do autor contra a possibilidade de uma abstração mental ilimitada.
2. Nessa questão, espera-se um texto articulado, expondo os desenvolvimentos e as conclusões obtidas da experiência demandada na questão anterior. Esse texto deverá seguir os mesmos parâmetros da questão 1, ou seja, a aplicação da argumentação de Berkeley às ideias desenvolvidas no experimento mental, demonstrando até que ponto a abstração possui, de fato, os limites que o filósofo afirma.

CAPÍTULO 4

Atividades de autoavaliação

1. c
2. b
3. a

4. a
5. d

Atividades de aprendizagem

Questões para reflexão

1. A teoria de Hume aponta que o hábito é o grande guia da vida humana. Nesse sentido, a projeção para o futuro, fruto do hábito e da repetição causal observada no mundo, ocorre em vários eventos científicos e, também, do cotidiano. Para refletir sobre essa questão, é necessário ponderar os fundamentos teóricos de que Hume lança mão para explicar essa projeção e relacionar a eles fatos da ciência ou mesmo do dia a dia em que tal projeção ocorre.

2. A resposta a essa questão deve abordar e comparar, em forma de lista, elementos demonstrativos da razão e elementos que são originados no hábito e na causalidade. É preciso vincular a demonstração com a razão e apresentá-la como relação de ideias, e os elementos que são frutos do hábito deverão ser relacionados com as questões de fato e com a experiência, seguindo o conjunto conceitual de Hume.

CAPÍTULO 5

Atividades de autoavaliação

1. b
2. a
3. c
4. a
5. b

Atividades de aprendizagem

Questões para reflexão

1. Uma boa resposta deverá reconstruir a apresentação feita por Kant dos conceitos de *tempo* e *espaço*, relacionando essa apresentação com sua forma pessoal de percepção. As experiências pessoais podem ser ponderadas, desde que relacionadas com os conceitos kantianos.
2. A discussão apresentada no capítulo sobre Kant mostra que o filósofo acaba por limitar de forma bem específica as possibilidades de discussões metafísicas. Entretanto, pode-se dizer, em certa medida, que o próprio conteúdo de *Crítica da razão pura* é um conteúdo metafísico. Será que Kant, então, utiliza-se da metafísica para invalidar a própria metafísica? É preciso refletir sobre esse problema e mostrar sua posição sobre assunto por meio de um texto argumentativo, que, preferencialmente, se valha dos conceitos kantianos.

CAPÍTULO 6

Atividades de autoavaliação

1. c
2. a
3. b
4. d
5. b

Atividades de aprendizagem

Questões para reflexão

1. Essa reflexão deverá ponderar que o relativismo é uma posição frágil, pois não oferece critérios de avaliação. Portanto, é impossível verificar se a posição relativista é, de fato, verdadeira ou falsa, visto que seu único critério é a opinião de cada um. Considerando que uma teoria deverá ser verificada, ou seja, avaliada como verdadeira ou falsa para que seja escolhida entre outras, o relativismo mostra-se como insuficiente justamente por impedir, por sua própria natureza, algum tipo de verificação como esta exigida pelas teorias.

2. Apesar de Kuhn ser cientista, o que ele nos apresenta na obra estudada é filosofia da ciência, e não ciência propriamente dita. Nesse sentido, essa reflexão deverá considerar a distinção entre ciência e filosofia, ou seja, a resposta poderá enveredar-se pelas distinções entre o fazer ciência propriamente dito e a análise filosófica do desenrolar da ciência na história. Assim, a filosofia da ciência não precisa, necessariamente, alterar a forma de fazer ciência, mas apenas a forma de entender sua natureza e seu desenvolvimento.

sobre o autor

João Carlos Lourenço Caputo é doutor em Filosofia pela Universidade Federal do Paraná (UFPR). Atualmente, é pós-doutorando no Departamento de Filosofia da mesma instituição. É membro do Grupo de Estudo das Luzes da UFPR. Desenvolve pesquisas sobre ética e metafísica no século XVIII francês.

Impressão:
Julho/2019